商品管理的理论与实践研究

俞博文　著

吉林科学技术出版社

图书在版编目（CIP）数据

商品管理的理论与实践研究 / 俞博文著． -- 长春：
吉林科学技术出版社，2023.3
ISBN 978-7-5744-0197-6

Ⅰ．①商… Ⅱ．①俞… Ⅲ．①商品管理－研究 Ⅳ．
①F760.4

中国国家版本馆CIP数据核字（2023）第061970号

商品管理的理论与实践研究

著　　者	俞博文	
出 版 人	宛　霞	
责任编辑	赵维春	
封面设计	树人教育	
制　　版	树人教育	
幅面尺寸	185mm×260mm	
开　　本	16	
字　　数	220千字	
印　　张	10	
版　　次	2023年3月第1版	
印　　次	2023年3月第1次印刷	
出　　版	吉林科学技术出版社	
发　　行	吉林科学技术出版社	
地　　址	长春市南关区福祉大路5788号出版大厦A座	
邮　　编	130118	

发行部电话/传真　0431—81629529　　81629530　　81629531
　　　　　　　　　81629532　　81629533　　81629534

储运部电话　0431—86059116

编辑部电话　0431—81629520

印　　刷	廊坊市广阳区九洲印刷厂	
书　　号	ISBN 978-7-5744-0197-6	
定　　价	60.00元	

前　言

随着经济全球化、世贸组织一体化的进程，商业竞争将逐步取代政治纷争，商业原则将成为处理国际关系的基本准则。21世纪国际交往中主要表现为商业交往。通过广泛的商业交往、交流和交易，实现国家之间的经济合作和技术交流，达到优势互补。不断提高人民生活水平，推动人类社会共同进步的目的，这是历史发展的潮流，是任何人都无法改变的现实。

西方学者深刻地指出："今后改变世界格局的不是战争而是商业。"世界格局的变化不是外力的强加或军事占领，而是内在实力的增强，揭示了商业的发展在未来世界的重要作用，随着市场经济在世界范围内的建立、发展和完善，商品服务贸易的国际化，商业综合能力将是衡量一个国家国力的基本标志。它既表现为科学技术应用所焕发出来的现代生产力，也表现为有效配置社会资源和充分利用国际资本所表现的综合流通力。战争只是交战双方在某一特定时间内在力量上的对比，它所带来的破坏性和后遗症已被全世界人民唾弃，霸权既不得人心也无法持久，只有商业的实力才能决定一个国家国际地位及其所产生的影响。竞争力一直名列世界前茅的新加坡，不在于生产规模优势，而在于流通力的强大；我国香港地区之所以成为国际大都市，具有许多城市无法比拟的竞争力，也不在于生产的规模，而在于第三产业的发达。

如果说农业社会只是一种生存形式，如何通过自给自足，实现生存的条件和生命的延续，而工业社会就是一种发展模式，寻求不同的发展道路，实现社会进步的共同目的，那么现代商业不仅是一种生产方式，更是一种生活方式和消费方式，它从多方面制约着和影响着现代经济的发展、消费内容的充实和生活质量的提高。现代商业就是大商业、大市场、大流通的观念，是传统商业与现代商业的统一，是商品与服务的统一，是文化商业与文明商业的统一，是数量商业与素质商业的统一。

由于时间仓促，在编写过程中肯定有不足之处，恳请每个读者多提宝贵意见。

目录

第一章 商品及其分类

第一节 商品概述

随着社会经济的发展、科学技术的进步和人们生活水平的提高，商品在人们的生活中占有越来越重要的地位，商品(Comnioclity或goods)在英语词典FI1的含义有两个：其一是指燃料、食品等消费品，其二是指有用性。商品和每个人的日常生活都有密切的联系，对于商品可以从不同的角度来分析。本节主要介绍政治经济学、微观经济学和市场营销学中的商品的概念，在此基础上，分析流通领域中商品的必备条件和商品的信息要素。

一、商品的本质

（一）定义

在马克思主义政治经济学中，商品是指用来交换的劳动产品，商品有广义和狭义之分。狭义的商品指有形商品，有形商品是客观存在的、可以触摸到的物品，如电视机或面板。无形商品如医疗保健或教育等，被称为服务。广义的商品包括有形的商品和无形的服务两个方面。

首先，商品指专门用来交换的产品，即商品生产者并不消费，而是用于向其他生产者交换自己需要的产品。其次，商品是指处于交换过程中的劳动产品。正在生产中的劳动产品，还没进入交换领域之前不是商品；通过交换领域已经进入消费领域的劳动产品也不是商品。社会生产的产品不一定都是商品，如果是用于生产者自我消费，或者虽然是为他人消费而生产的产品却无须交换就进入消费，例如以赠送、计划调拨、实物税、免费转让、继承等方式获得的产品都不是商品。另外，有些生产要素是大自然的馈赠而不是人类劳动的产品，比如空气、未开垦的土地、天然草地、野生林等。没有形成物权或所有权的存在，也就是说没有人的意志附加其上，它们就不是商品，也就无所谓参与商品交换。处于生产消费和个人消费过程中的各种劳动产品，曾经在交换领域中成为商品，但现在处在消费过程中则是消费品。比如，正在使用中的眼镜和穿在身上的衣服，如果在使用中没有同时标出让渡它们的价格，它们就不是商品；反之，标出让渡价格的商品虽然在使用中，但它们却是商品，这种使用本身是为了更好地让渡，实现该商品的价值。在社会化大生产时代，几乎所有工业产品和绝大部分农产品都属于商品。

（二）商品的二因素

商品的二因素是指商品的价值和使用价值。商品的使用价值是指商品能够满足人们需要的使用性，不同的商品具有不同的使用价值，商品的使用价值是维持人类的生存和繁衍、维持社会的生存和发展所需要的。正如马克思所言："不论财富的社会形式如何，使用价值是构成财富的物质内容，而这个内容最初同这种形式无关。我们从小麦的滋味中尝不出种植小麦的人是俄国的农奴，法国的小农，还是英国的资本家。使用价值虽然是社会需要的对象，因而处在社会联系之中，但是并不反映任何社会生产关系。"

一种使用价值与另一种使用价值相交换的量的关系或比例，是商品的交换价值。两种不同的使用价值之所以能按一定的比例相互交换，表明它们之间存在某种共同的东西，这种共同的东西在质上应该是相同的，从而在量上才可以进行比较。这种同质的共同东西，就是凝结在商品中的无差别的一般人类劳动。商品中的这种无差别的一般人类劳动的凝结，就是商品的价值。因此，交换价位是价值的表现形式，价值是交换价值的内容。价值反映了商品的社会属性，体现了商品生产者之间互相交换劳动的社会生产关系。

人们总是把商品的使用价值和价值称作商品的二因素，把它们看作一个整体。任何社会经济形态中的商品，都是使用价值和价值的矛盾统一体。一方而，商品的使用价值和价值是统一的，缺少任何一个因素都不能成为商品。价值的存在要以使用价值的存在为基础，使用价值是价值的物质承担者。另一方面，商品的使用价值和价值又是矛盾的，使用价值作为商品的自然属件，反映的是人与自然的关系；价值作为商品的社会属性，反映的是商品生产者之间的社会关系。

使用价值是一切有用物品包括商品所共有的属性，是永恒的范畴；价值是商品所特有的属性，是商品经济的范畴。商品生产者生产一种商品，是为了取得商品的价值；商品消费者购买一种商品，是为了取得该商品的使用价值；因此，商品只有先证明自己具有使用价值，才能实现其价值；而为了实现价值，又必须先具有使用价值。可见，一种具有使用价值的劳动产品，如果只是用来满足商品生产者自己的需要，或只是无偿地交付给别人使用，都不能成为商品；只有通过商品交换把商品卖出去，才能使商品生产者实现商品的价值，使消费者得到使用价值，商品的使用价值和价值的矛盾才能得到解决。

（三）生产商品的劳动二重性

商品的二因素是由生产商品的劳动二重性决定的。生产商品的劳动具有二重性。从一方面看它是具体劳动，从另一方面看它又是抽象劳动。具体劳动是在一定的具体形式下进行的劳动，千差万别的具体劳动创造出千差万别的使用价值，体现的是人和自然之间的关系。抽象劳动是指撇开劳动的具体形式的无差别的一般人类劳动，即人的体力和脑力的生产性支出，体现的是商品生产者之间的经济关系。它是商品价值的唯一源泉。

抽象劳动和具体劳动的关系既对立又统一。①具体劳动和抽象劳动在时间和空间上是统一的。商品生产者是在从事具体劳动的同时，也就支出了抽象劳动。具体劳动和抽象劳动不是两次劳动，更不是两种劳动，而是生产商品的同一劳动过程的两个不同方面。②具体劳动和抽象劳动又存在差别和矛盾。一是具体劳动是从劳动的有用效果中来看出的劳动，抽象劳动则是抽去劳动的有用性的一般人类劳动。二是具体劳动在质的不同，因而在量上不能比较；抽象劳动在质上相同，只有量的差别。三是具体劳动反映的是人与自然之间的关系，是劳动的自然属性，是一切社会形态都存在的永恒的范畴；抽象劳动体现了商品生产者之间的经济关系，是劳动的社会属性，是商品经济特有的历史范畴。四是具体劳动是生产使用价值的劳动。但它不是使用价值的唯一源泉；抽象劳动是创造价值的劳动，它是形成价值的唯一源泉。具体劳动和抽象劳动的矛盾与使用价值和价值的矛盾相联系。只有在交换过程中，商品的使用价值转让出去，商品的价值得到实现以后，生产商品的具体劳动才能为社会所承认，生产商品的抽象劳动才能被还原，具体劳动和抽象劳动的矛盾才能得到解决。

（四）商品的价值量

商品的价值是质和量的统一。既然商品价值的质表现为一般人类劳动的凝结，那么，商品的价值量就由凝结在商品中的一般人类劳动的量来决定。由于衡量劳动量的自然尺度是劳动时间，因而商品的价值量是由生产商品所耗费的劳动时间来衡量的。

但是，商品的价值量不是由个别生产者生产某种商品耗费的个别劳动时间来决定的，而是由生产商品的社会必要劳动时间来决定。社会必要劳动时间是指在现有的社会正常的生产条件在社会平均的劳动熟练程度和劳动强度下制造某种使用价值所需要的劳动时间。

社会必要劳动时间不是固定不变的。例如，蒸汽织布机普遍使用以后，把一定量的纱织成布需要的劳动时间可能比过去手工织布工人把一定量的纱织成布的劳动时间减少一半；现在，若手工劳动者的劳动时间不变，他就得把一定量的纱织成布的商品价值量降到以前的一半，因为他一小时的个别劳动只代表半小时的社会劳动。由此可见，生产同一商品的价值量是随着劳动生产率的变化而变化的。

决定和影响劳动生产率高低的因素主要有：劳动者的平均熟练程度、生产过程的社会组织形式、科学技术的发展及其在生产中的应用、生产资料的质量和效能、自然条件等。由于劳动生产率的变化只涉及一定时间内所生产的商品数量的变化，而同一劳动在该时间内所创造的商品的价值总量是不变的，因而社会劳动生产率提高了，单位时间内所生产的商品数量就会增多，生产单位商品所耗费的社会必要劳动时间就会减少，从而单位商品中所包含的价值量也就会降低；反之，社会劳动生产率降低了，单位时间内所生产的商品数量就会减少，生产单位商品所耗费的社会必要劳动时间就会增加，从而单位商品中所包含的价值量也就会增大。所以，单位商品的价值量与包含在商品中的社会必要劳动时间成正比，与生产该商品的社会劳动生产率成反比。

二、微观经济学中的商品概念

（一）效用论

在微观经济学中，商品是任何能够满足某一需求的产品。对商品的消费会满足人们的需求，经济学家用"效用"（utility）这一术语来表示人们从商品消费中得到的满意程度，一种商品内在的效用，是从一种商品具体的赋广其满足欲望能力的各种质量中派生出来的。效用的由来和起因是多种多样的，有吸引力的价格、美学上的漂亮或设计、使用经济、效率、质量、耐用、服务、保证、使用方便、位置方便、豪华、舒服、个性意识、快乐、威信、社会地位、骄傲、安全、自我满足等，效用具有主观和客观的双重特征。

关于商品的效用，有一首歌谣作了生动的说明。

不要给我东西。

不要给我衣服，我要的是迷人的外表。

不要给我鞋子，我要的是两脚舒适，走路轻松。

不要给我房子，我要的是安全、温暖、干净和快乐。

不要给我书籍，我要的是阅读的愉悦与知识的益处。

不要给我磁带，我要的是美妙动听的乐曲；

不要给我工具，我要的是用处和创造美好物品的快乐。

不要给我家具，我要的是舒适、美观和方便。

不要给我东西，我要的是想法、情绪、气氛、感觉和收益。

请，不要给我东西。

我们消费商品所感受的满足程度越高，愿意为之支付的价格也就越高。如果在电影院里吃爆米花的感觉让你留连不已，你很可能愿意为之出高价；相反，如果爆米花勾不起你的食欲，你就不会买。效用有总效用和边际效用之分，如图 1-1 所示。总效用是指在消费某件商品的整个过程中所得到的效用量的总和，边际效用是指消费新增一单位商品所得到的效用量。

总效用和边际效用的概念不仅解释了为什么我们会在看电影时买爆米花吃，而且还解释了我们为什么会在某一时刻不愿意继续食用。即使某人非常喜欢吃爆米花，也就是说他吃爆米花能获得极大的总效用，而且他也买得起，但他也不会吃个没完没了。为什么会这样呢？可能是因为他每吃下一口爆米花所得到的满足感越来越少。消费第一盒爆米花时，他吃得津津有味，但吃下第二盒或第三盒后，他很可能会感到胃部不适。我们用消费第一盒爆米花所得的效用高于消费第二盒爆米花产生的新增或边际效用来表述这种感觉上的变化，

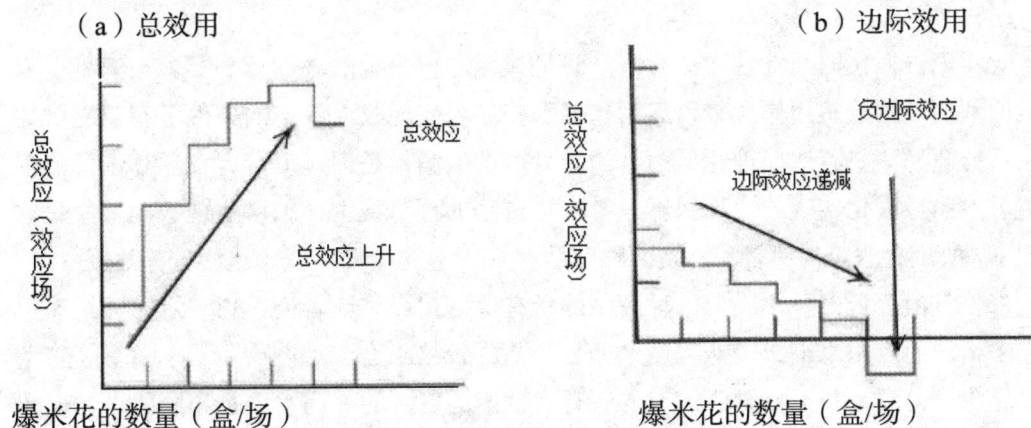

图1-1　总效用和边际效用

1.边际效用的递减规律

随着对某种商品消费的增加，我们从该商品连续增加的每一消费单位中所得到的效用增量通常是递减的。我们从吃第三盒爆米花中得到的满意程度显然不如吃第二盒时那般满足。实际上，边际效用递减的现象非常普遍，经济学家称之为边际效用递减规律，该规律指出从某种商品连续增加的每一消费单，从中所得到的效用增量是递减的。

边际效用递减规律普遍存在并不意味着我们不喜欢第三盒爆米花，不想吃第二个

比萨饼；该规律只是指出我们消费这些商品所得到的满意程度不如消费它们之前同类商品的满足程度。在这里，时间因素很重要，如果第一个比萨饼是去年消费的，第二个比萨饼现在才消费，那么这个饼的味道丝毫不会逊色。因此，边际效用递减规律只在短时间内起作用

图 1-1 说明了当消费水平发生变化时效用是如何变化的。在图 1-1（a）中，当我们最初消费这五盒爆米花时总效用一直是增加的，但是增加幅度越来越小。图 1-1（a）中总效用曲线的每一连续的阶梯是越来越小的。总效用曲线每一阶梯的高度代表边际效用——总效用的增量。在图 1-1（b））中，边际效用明显是递减的，尽管如此，总效用仍为正，总效用仍在增加。只要边际效用为正，总效用必然增加。

然而，消费第六盒爆米花时的情况发生了变化，根据图 1-1，消费第六盒爆米花时，总效用下降，边际效用为负。如果我们只消费五盒爆米花，我们能获得更多的总效用，因而我们会更快乐。第六盒爆米花产生了负的边际效用，降低：总的满意程度。

并非所有的商品最终都会产生负的边际效用。如果消费更多的某种商品会减少总效用，人们显然不会增加消费量。因此，我们每天经历的是边际效用递减的更一般的原则，即最终某种商品的新增数量产生逐渐减少的效用增量。总效用不断增加，但其增长的速度随着该商品消费量的增加而减缓。

2. 商品的选择

效用论告诉我们消费者在选择商品时是如何进行决策的理性行为要求人们将每项支出的预期效用与费用作比较，然后选择那些在可支配收入既定的条件下有望提供最大满足的商品消费者选择理论认为，消费者需求的满足是通过消费者在预算约束范围内追求效用最大化实现的。消费者只考虑在自己的预算线上，怎样实现效用最大化，如图 1-2 所示，假定消费者只消费两种商品 X 和 Y。无差异曲线（也称作等效用曲线）是用来表示消费者偏好相同的两种商品的所有价格组合，或者说，它表示能够给消费者带来相同的效用水平或满意程度的两种商品的价格组合，如图中有 I1、I2、I3 三条无差异曲线，同一条无差异曲线上的所有点带给消费者的效用水平是相同的。相比较而言，I1、I2、I3 这三条无差异曲线，带给消费者的效用满足程度是 I1 > I2 > I3。

预算线表示在价格给定的条件下，消费者收入所能购买到的两种商品的各种组合，如图中消费者的预算线为 AB。消费者最优的消费决策是什么呢？就是选择在预算线上能带来效用最大化的商品组合。这一点位于图中的 E 点。在 E 点，预算线 AB 与无差异曲线 I2 相切。虽然 h 的效用水平高于 I2，但它超出了消费者的预算，无法实现。I1 上的 a、b 虽然可以满足预算约束，但并不能满足效用最大化的条件，所以，只有在 E 点，才实现了效用的最大化。

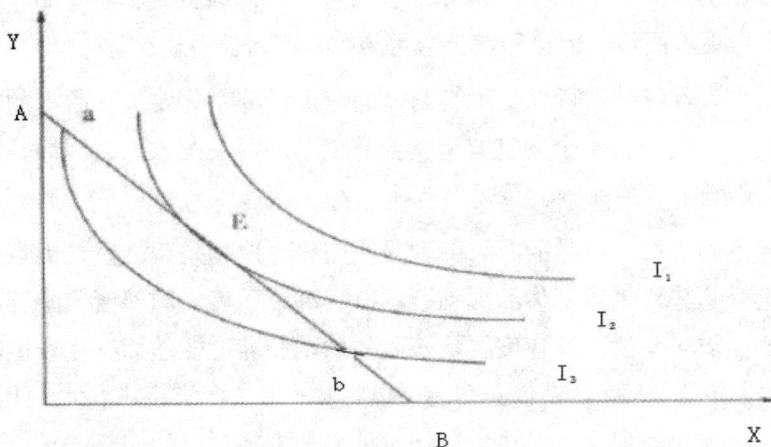

图1-2 效用最大化

（二）需求弹性

微观经济学在研究消费者需求时，提升了弹性概念，用来衡量消费者对商品价格变动的敏感程度需求弹性分为价格弹性、收入弹性和交叉弹性。这里先简要介绍价格弹性，价格弹性表示价格变动 1% 引起的需求量变动的百分比，即价格弹性（E）= 需求量变动百分比/价格变动百分比，如果 EK 于 L 我们需求是富有弹性的；如果 E 小于 1，我们需求是缺乏弹性的。通常我们根据需求弹性对商品进行分类。根据商品的需求收入弹性，把商品分为必需品、奢侈品和劣等品；根据商品的需求交叉弹性，将商品划分为互补品和替代品

1，必需品、奢侈品和劣等品

消费者的收入水平对商品的需求有重要影响。一般情况下，当消费者的收入水平提高时，会增加对商品的需求量；相反，收入水平下降，会减少对商品的需求量。收入弹性用来衡量商品需求量对收入变化的反映程度。如果影响需求的其他因素不变，商品的收入弹性是指因收入变化 1％ 而引起的需求量变化的百分比。用下述公式来表示：

$$E_1 = \frac{\%\Delta Q}{\%\Delta I}$$

收入弹性可以是正值，也可以是负值。如果是负值，收入增加就会导致需求量的减少。例如热狗，经济不宽裕的人可能买不起别的肉制品，但随着他们收入的增加，就会放弃热狗转为购买烤牛肉。这样，收入的增加就会导致时热狗需求的减少。收入弹性为负的商品定义为劣等品。

正常的商品的收入弹性是正值。进一步根据 E1 的大小来分类。如果 $0 < E_1 \leq 1$。需求量变化的百分比为正值，但小于或等于收入变化的百分比，这类商品就成为必需品，

即需求量受收入变化的影响相对较小。例如面包，它是人们消费的基本食品。当家庭变得富裕后，会消费更多面包，但这种增长通常与收入的增长不成比例。

$E_1 > 1$ 的商品称为奢侈品，意思是这类商品的需求量的变化要大于收入的变化。珠宝就是奢侈品的一个例子，一个人富有后就会有更多的可支配收入，因而，他就会用他收入中的更大份额来购买项链、手镯和名牌手表。

在商业周期的不同阶段，商品的收入弹性是决定企业成功是否的重要因素。在繁荣时期，收入呈上升趋势，销售奢侈品如钻石项链、高级手表、国外度假游等的企业将会发现，这些商品需求量的增长速度要快于收入的增长速度。然而，在衰退时期，它们的需求就会迅速下降。反之，销售必需品如燃料和小麦、食盐等基本生活用品的，在经济繁荣时期不一定得益很多，但在衰退期，他们会发现自己的产品是抗衰退的，就是说，这时需求量的变化将小于整个经济的变化。

2，替代品和互补品

对一种商品的需求量也受其他商品价格的影响，需求量对其他商品价格变化的反映程度是通过交叉价格弹性来衡量的，商品的交叉价格弹性定义为某种其他商品的价格每变化1%，会使该商品的需求量变化百分之几，即：

$$Ee= \frac{\%\Delta Q_x}{\%\Delta P_y}$$

式中，x 和 y 分别为两种不同的商品。

交叉价格弹性可以用来对商品之间的关系进行分类。如果 $E_e > 0$，y 价格的增加会导致 x 需求量的增加，这两种商品就称为替代品，即一种商品可用来替换另一种。假定 y 的价格提高，这意味着用 x 表示的 y 的机会成本提高了，结果就会使消费者少买 y 而多买相对便宜的商品 x。替代品往往是用途基本相同的商品，如牛肉和羊肉、茶和咖啡。当一种商品涨价时，它的替代品的需求就可能增加。例如，当羊肉价格上升时，人们会增加对牛肉的消费，减少对羊肉的消费。而当一种商品价格下降，它的替代品的需求就可能减少。例如，当茶的价格下降时，人们就会减少对咖啡的消费，转而消费更多的茶。

如果 $E_e < 0$，相关的商品被称为互补品。y 的涨价会减少 y 的需求量，而 y 需求量的减少会使对 x 的需求也减少—互补品是经常一起使用的商品，如网球和网球拍、汽车和汽油。一种商品降价，会导致它的互补品的需求减少。例如网球拍的价格上涨，打网球的人就会减少，从事这项运动的人少了，人们购买网球也就少了。一种商品降价，会导致它的互补品的需求增加。例如，当汽车价格下降时，会有更多的人购买汽车，对汽油的消费就会增加。

对于经营若干种相互关联的商品的企业而言，如汽车车厂商销售几种不同式样但具有竞争性的汽车，食品商店既销售面包又销售黄油，只要经营的商品相互关联，一种商品的价格就能影响对另一种商品的需求。关联产品交叉弹性的信息有助于企业的商品销售决策。

三、市场营销学中的商品概念

市场营销学对商品的分析主要有两个方面：首先是提 IHT 商品的整体概念；其次，将商品划分为工业品和消费品。工业品是用于制造产品的原料不是直接用于消费，消费品是用于消费者购买的产品。

（一）商品的整体概念

根据马斯洛的需要层次理论，人们的需要分为五个层次，即生理需要、安全需要、社交需要、尊重需要和自我实现的需要，而且，这五个层次是由低级向高级逐步发展的。随着人们需要层次的不断发展和消费观念的不断更新，商品的内涵也在不断地丰富。概括而言，商品的整体概念包括三个层次：核心利益、实际产品和附加产品。如图 1-3 所示。

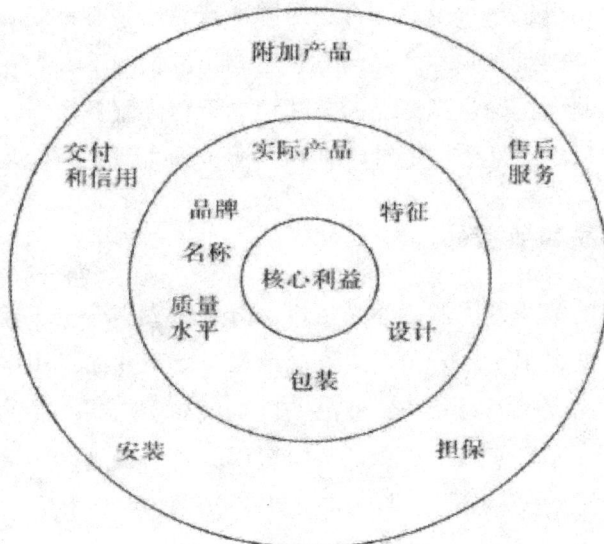

图1-3　商品的整体概念

1. 核心利益

最基础的层次是核心利益，它解决了消费者究竟购买的是什么的问题。消费者购买某种商品，不仅仅是为了获得商品本身，更主要的是为了获得商品给他带来的某种需要的满足。例如：消费者购买光盘（VCD）实质上是为了满足其闲暇时休息和娱乐的需要，购买微波炉是为了烹饪的需要。核心利益是商品的效用给消费者带来的满意，缺少这一层，消费者就不会去购买这种商品。因此，企业在制定开发和营销策略时，首先要考虑商品的实质，明确商品能够带来的功效和益处。

2. 实际产品

商品具有的核心利益总是要通过实际产品来反映出来。实际产品向人们展示的是商品的物理特征，它包括外观形式和内在质量以及促销成分，即品质、包装、品牌、造型、款式、色调等。在消费水平不高或商品供给不足的情况下，消费者购买商品主要考虑的是功能和效用，而对商品的形式的要求不大。随着消费观念的提高和买方市场的出现，消费者的要求越来越高，选择余地也越来越大，除了考虑商品的效能外，商品的质量、造型、颜色、品牌等外在形式在很大程度上影响了人们的消费决策。

3. 附加产品

它是指消费者在购买和使用商品时获得的各种附加利益的总和这一层次包括售前的咨询服务，售中的交易条件如赊购、提供信贷或各种担保等，以及售后的送货、维修服务等。

商品的整体概念是以消费者的基本利益为核心的，强调服务是商品的组成部分，体现了现代市场营销思想。对企业而言，对附加产品的精心策划和管理是企业提高市场竞争力的保证。特别是在实际产品与竞争者相仿的情况下，企业竞争的高下往往取决于附加产品。因此，正确认识商品的整体概念，提高服务质量，使消费者购买商品时得到更多的附加利益是商品开发和管理中一项重要的基础工作。

（二）工业品和消费品

根据商品使用的消费者类型，商品可以区分为两大类——工业品和消费品，消费品是由最终消费者购买用于个人消费的产品或服务。工业品是用于进一步加工或用于商业运营的产品，因此，消费品和工业品的区别就在于购买产品的目的。如果一个消费者购买电饭锅是在家里使用，那么这个电饭锅就是消费品；如果该消费者购买相同的电饭锅是在饭店的经营中使用，那么它就是一个工业品。

工业品有三组类型：材料和部件、资本项目、供应品和服务材料和部件包括原材料以及制成品和部件。原材料包括农产品（如大米、家畜、蔬菜）以及天然产品（如鱼、木材、原油）。制成品和部件包括构成材料（如铁、棉纱、水泥）和构成部件（如小发动机、轮胎、铸件）。大多数制成品和部件直接卖给工业使用者。

资本项目是在购买者的生产和运作过程中起辅助作用的工业品，包括装置和附属设备。装置包括大量采购，例如建筑物（如厂房、办公室）和固定设备（如发动机、大型计算机系统、电梯）。附属设备包括轻型制造工具和设备（如手动工具、起重卡车）、办公设备（如计算机、传真机、办公桌）。它们比装置使用寿命短，在生产过程中仅仅起着辅助作用。

最后一组工业品是供应品和服务，供应品包括操作供应品（如润滑油、煤、铅笔）以及维修和维护物品（如油漆、图钉、扫帚）。服务包括维护和维修服务（如清洗窗户、计算机修理）以及业务咨询服务（如法律、管理咨询、广告）。这些服务往往是以签订合同的方式提供的。

四、商品的信息要素

商品在生产出来之后，总是通过流通环节才能到达最终端消费者。在流通领域，商品必须具备产品实物、条形码、价格以及包装等信息要素。在商品流通过程中，为了便于管理，需要对商品的各种信息要素进行整理。商品的信息要素可以区分为固定信息要素和变化信息要素，见表1-1。固定信息要素主要是指一种商品的相对不变的信息要素，如商品编码、商品名称、生产厂家、商品条码、商品类别等；商品的变化信息要素是指在经营过程中会发生变化的信息要素，如商品价格、商品数量、进货人员、供货单位等。

表1-1 商品的信息要素

	商品的固定信息要素	商品的变化信息要素
经营性	商品编码 商品名称 生产厂家 商品条码	进货价格 进货数量 所属库房 经销代销性质 销售价格 进货价格含税与否 商品批次
管理性	商品保质期 保修期 某些商品的最高最低库存 商品的各种损耗率	商品保本保利期 商品库存位置 商品陈列位置 商品建议进货量 商品供货周期 商品进货费用 商品建议零售价格 竞争对手商品售价

（一）固定信息要素

固定信息要素还可以进一步分成经营性要素和管理性要素。经营性要素主要是指在日常商品流转过程中涉及种种信息要素，如商品编码、名称、生产厂家、条码等，它们是正常的经营过程中必不可少的。管理性要素是指为了满足在经营过程中的进一步要求而设置的信息要素，如商品保质期、保修期、某些商品的最高最低库存、商品的各种损耗率等（见表1-1）。这些信息要素发挥作用需要一定的条件，比如企业的日常经营管理比较成熟、基础数据全面和稳定、经营管理人员对计算机系统比较熟悉等。

（二）变化信息要素

同样，对于变化信息要素，也有经营性和管理性之分。经营性要素有进货价格、销售价格、商品批次、进货数量、所属库房、经销代销性质、进货价格是否含税等。管理性要素有商品保本保利期、商品库存位置、商品陈列位置、商品建议进货量、商品供货周期、商品进货费用、商品建议零售价格、竞争对手商品售价等（见表1-1）。变化信息要素是商品流转过程中的内容反映，比如商品进货价格，每次进货的价格都可能跟上次不一样。这些信息要素的数值是变化的。它反映了商品在流通过程中不同阶段的变化情况。

商品信息要素在商品经营管理中具有重要作用比如，商品固定信息要素中的商品编码，如果一个商品编码出现错误，就会造成从合同、进货到销售、结算等相关过程的全部错误，其中许多错误是无法消除的。又如，商品变化信息要素中的供货单位，如果被放在固定信息要素中，就无法同时从两家供货商进货，由此造成商品断档或者无法结算（商品档案中只能有一个供货厂商）。所以，掌握了商品的信息要素，就可以掌握经营规律，及时调整商品经营策略，提高经营效益。

第二节　商品分类

根据目的不同,商品可以进行不同的分类。这里研究商品分类主要是从企业的角度,通过对商品的分类，以更好地促进商品的销售，满足消费者的需求。

一、商品分类的原则

商品分类是选择某种（些）标准对所经营的商品集合进行区分，以有效地实现经营目标和经营战略，分类结果因分类标准、时间和地域等差异而产生变化。商品分类并不是将商品进行随意的划分，其主要目的是为了有效地进行商品管理，更好地满足顾客的购物要求。因此，进行商品分类应该在规定的原则下，根据商品特点、消费者需求和购买习惯进行合理的划分。

在进行商品分类时需要遵守目标性、区分性、关联性、稳定性、便利性等原则。

目标性即必须满足分类的目的和要求。商品的分类往往是为了便于流通中的管理，所以应该根据不同的目标进行合理的分类。

（一）区分性

分类必须从本质上把不同类别的商品明显地区分开出来，使商品的每一个品种只在一个类别里。例如，彩色电视机与黑白电视机虽然都能收看电视节目，但由于性能上的差异而成为不同的电视机；大瓶装的可口可乐与易拉罐装的可口可乐是不同的商品。对商品从物质特征上加以区分，这在商业竞争中是非常重要的。

（二）关联性

分类必须使商品品种建立在并列从属关系的基础上，上一级类别与从属类别之间存在有机联系，下一级分类是对上级分类的合乎逻辑的继续和具体化。例如，人们根据面粉的精细程度，把面粉区分为标准粉和精粉两种。

（三）稳定性

必须使商品分类具有可预见性和相对稳定性，为不断补充新商品留有余地。特别是在零售商品的管理中，分类的稳定性对于日常的进货和销售管理都有直接影响。

（四）便利性

在现代电子商务迅速发展的时代，分类必须便于采用数字编码、运用电子计算机进行处理和便于对商品实体进行手工操作。

二、常用的商品分类标志

商品分类标志按其适用性可分为普遍适用和局部适用两类。普遍适用的分类标志是指所有商品种类共存的特征、性质、关系和功能等。也可把它们称为基本特征或基本分类标志。例如，所有的商品都有一定的物态；都可以按一定的大小比例（尺寸或体积）来划分；都有地理产地，都要运输，大多数还要进行储存；都可按其物质结构和加工程度来区分；在自然界和经济领域循环过程中都占有一定的地位；都由一定的原材料并按一定的工艺方法制成；都可按一定的方法和规定提供给有关的经济部门；都有一种特定的用途和使用方法等。普遍适用的分类标志主要作为高层次类目的分类标志，作为划分大类、中类、小类、品类的商品经常采用的分类标志。

局部适用的商品分类标志是指部分商品共有的特征，故也称为特殊分类标志，例如化学组成、包装形式、动植物的部位、颜色、外形、加工特点、保存方法、播种和收获季节、特殊的物理和化学性质、功率和效率等。这四分类标志概念清楚、特征具体、容易区分，常用于某些商品种类、具体商品品种，以及规格、花色、质量等级、型号等细节的划分。

虽然商品分类的标志很多，但目前很难提出和制定一种能贯穿商品分类体系，始终对所有商品类目前乃至品种和质量等级都适用的分类标志。某些分类标志对较多商品类的划分可能是重要的，但是在划分其他商品类目的时则不起作用。因此，在一个分类体系中常采用集中分类标志，往往每一个层级用一个适宜的分类标志，在商品分类实践中，常用的分类标志有如下几种：

（一）以商品的用途作为分类标志

商品的用途是体现商品使用价值的标志，也是探讨商品质量的重要依据。以商品的用途作为分类标志，不仅适合对商品大类的划分，也适合对商品类别、品种的进一步细分。例如商品按用途可分为生活资料商品和生产资料商品；在生活资料商品中，按吃、穿、用等用途的不同可分为食品、衣着用品、日用品、文化用品、家用电器等类别；日用品商品按不同用途又打分为器皿类、玩具类、洗涤用品类、化妆品类等；化妆品商品中按用途还可分为护肤用化妆品、美容化妆品、发用化妆品等；发用化妆品按用途可再细分为洗发剂、护发剂、染发剂、美发剂、生发剂、卷发剂等；洗发剂可进一步划分为干性头发用洗发香波、油性头发用洗发香波、止屑去头屑洗发香波、洗发护发二合一，香波等具体品种。按商品用途组成的许多类目名称，如食品、纺织品、医药品、饲料、家庭用品、玩具、文化用品、交通工具、机械等，都已成为固定下来的专门词汇。

以商品用途作为分类标志，便于分析和比较同，用途商品的质量和性能，从而有利于生产部门改进和提高商品质量，开发商品新品种，生产适销对路的商品；便于企业经营管理和消费者按需选购。但对多用途的商品，一般不宜采用此分类标志。

（二）以原材料作为分类标志

商品的原材料是决定商品质量、使用性能、特征的重要因素之一。例如，纺织品按原料来源不同可划分为棉织品、毛织品、麻织品、丝织品、化纤织品、矿物性纤维织品、金属性原料织品等；鞋类商品可分为布鞋、皮鞋、胶鞋、塑料鞋、人造革鞋等。有些商品由于原材料不同也可以间接地反映出它们的某些化学成分。例如，食品按其原料来源可划分为植物性食品、动物性食品和矿物性食品，它们的化学成分和营养价值则有明显的差别。

以原材料作为商品分类标志，不仅使分类清楚，而且还能从本质上反映出每类商品的性能、特点、使用以及保管要求，特别是对那些原材料来源较多，并且对质量和性能有较大影响的商品比较适用。但对那些用多种原材料制成的商品，由于其加工程度不同，其特征与原材料关系不大，不适合采用此种分类标志进行分类。例如，电视机、照相机、洗衣机、小汽车等工业品就不适合以原材料作为分类标志。

（三）以商品的加工方法作为分类标志

很多商品虽然使用的原材料相同，但由于加工方法或制造工艺不同，也会使商品具有不同的质量和特征，从而形成截然不同的品种类别。这种商品分类标志对那些可以选用多种加工方法制造的，质量和特征受工艺影响较大的商品更为适合，它能够直接说明商品质量的特征。例如，茶叶可分成全发酵茶（红茶）、半发酵茶（乌龙茶）、后发酵茶（黑茶）和不发酵茶（绿茶），纺织品可分为机织品、针织品和无纺布，棉织品根据织纹组织的不同可分为平布、卡其、华达呢、府绸等。时那些虽然加工方法不同，但商品质量特征不会产生实质性区别的商品，则不宜采用此种分类标志进行分类。

（四）以商品的化学成分作为分类标志

在很多情况下，商品的化学成分是决定商品性能、用途，质量或储运条件乃至商品品种、等级的重要因素。对这类商品进行分类时，应以主要化学成分作为分类标志。例如，化学肥料可划分为氮肥、磷肥、钾肥，合成纤维制品可分为丙纶、氯纶、涤纶、腈纶、锦纶、维纶织品等。有些商品的主要化学成分虽然相同，但是所含有的特殊成分不同，可形成质量、性质和用途完全不同的商品。对于这类商品进行分类时，都可以将特殊成分作为分类标志。例如，玻璃的主要成分是二氧化硅，但根据其中一些特殊成分的不同可分为钢化玻璃（含有氧化钠）、钾玻璃（含有氧化钾）、铅玻璃（含有氧化铅）、硼硅玻璃（含有硼酸）等，钢材可分为碳钢、硅钢、锰钢、不锈钢等。

以上成分作为分类标志适用于对化学成分已知并且对商品质量影响较大的商品进行分类。采用这种分类标志，便于深入研究商品的特性、包装、储运、保管、使用方法等问题，因此在生产管理、经营管理中广泛应用。但对于化学成分比较复杂，或容易发生变化，或着区别不明显及还不清楚的商品，不适宜采用这种分类标志。

三、商品分类方法

商品分类是把握商品特性的重要方法，人们可以按照自己的不同需要来对商品进行分类。常见的商品分类方法有以下几种：

（一）根据商品的耐用性，可以分为耐用消费品和非耐用消费品

耐用消费品指在正常情况下能多次使用的有形商品。电视机、电脑、家具等属于耐用消费品。耐用消费品使用周期长，价格一般比较高，人们购买时也很慎重。为了买到满意的商品，顾客在购买时往往会努力搜索各种信息，货比若干商家才会决定购买。经营耐用消费品需要提供更多的销售服务和销售保证，如维修、运送、保修、包退、包换等服务承诺。在经营这类商品时，重点是形成促使顾客购买的气氛，耐心介绍商品，传授使用方法，详细解答顾客的疑问，建立完善的售后服务体系。

非耐用消费品指在正常情况下经过一次或者多次使用就被消费掉的有形物品。牙膏、洗衣粉、文具、洗涤用品、食品等属于非耐用消费品。这类商品一般价格较低，使用寿命较短，顾客购买次数频繁。经营这类商品的企业一般将网点设在临近居民区的地方，以方便顾客购买，用满足供应来占领更大的市场。耐用消费品和非耐用消费品的特点见表1-2。

表1-2　耐用消费品和非耐用消费品的特点

区分标准	耐用消费品	非耐用消费品
价值量	大	小
使用周期	长	短
商品结构复杂性	复杂	简单
流转速度	低	高
消费者选购用时	长	短
售后服务要求	高	低
需要的分销网点	少	多
销售人员技术要求	高	低
毛利率水平	高	低

（二）根据顾客购买习惯，可以分为便利品、选购品、特殊品和非渴求商品

如前所述，在市场营销学中商品被划分为工业品和消费品。进一步根据顾客购买习惯可将消费品划分为便利品、选购品、特殊品和非渴求商品。

便利品指顾客经常使用和购买，而又不愿意花时间做过多比较和选择的商品，包括牙膏、肥皂、电池、报纸等日用必需品。这类商品的特点是标准化程度高，产品单位价值较低，需求相对稳定，多为习惯性购买。顾客在购买便利品时一般不受时间影响，

也不需要货比三家，顾客希望就近购买，以便节约时间。另外，由于顾客经常使用和购买，对商品有一定的了解，也形成了自己的购买习惯，因此只要价格合理，有质量保证，一般不做过多挑选。比较适合在居民较为集中的区域或交通特别便利的地段设点销售。

选购品指消费者在购买过程中，愿意花费较多的时间观察、询问、比较选择的商品。如大件家电、家具和高档服装等中高档商品就属于选购品。这类商品的特点是价格比较高，使用时间较长，多属于中高档商品，与便利品相比购买频率较低。选购品的购买者多采用选择性、理性购买，一般乐意到商店集中的区域或者有声望的大商场购买。

特殊品是指具有特殊性能、特殊用途、特殊效用和特定品牌的商品。这类商品一般拥有专门的消费群体，他们愿意花更多的时间和精力去购买。例如集邮品、戏装、古董、字画等属于特殊品。其特点是单位产品价值大，使用时间长，购买频率低，有些商品对某些顾客来说一生中可能只购买一两次。由于特殊品有特定的消费对象，从而排除了其他商品的竞争，经营特殊品会使经营者获得较大收益。特殊品宜开设专门商店或专柜，并适合集中经营。

非渴求商品是指消费者未曾听说过或即便是听说过一般也不想购买的商品。例如，刚上市的新商品。非渴求商品的性质决定了零售企业必须加强广告宣传和推销工作，使顾客对这些商品有所了解，产生兴趣，进而吸引顾客，扩大销售。

（三）根据商品生命周期的销售变化，可以分为时髦商品、流行商品、大宗商品和季节性商品

时髦商品（fad）是一种能在相对较短的时间内大量售卖的商品类别，比如电脑游戏、新型电子设备和一些服装。一般说来，时髦商品难以预测，经营时髦商品风险大，但一旦把握住机会，往往利润丰厚。

与时髦商品不同，流行商品（fashion）是一种销售通常能持续几个季节且销售在季节之间剧烈变动的商品，如男士西装、白领的制服及家庭用品等。流行商品的生命周期依赖于这些商品的种类和口标市场，经营此类商品要具备一定的实力和经验。

大宗商品（staple merchandise）或基本商品（basic merchandise）是指一些在很长时间内都有连续不断的需求的商品，如毛巾、衬衫、袜子、牛仔裤等。某些大宗商品即使是名牌也会走向衰退，因此，经营此类商品要注意调整结构。

季节性商品（seasonal merchandise）是指随着季节的转换其销售额产生剧烈变化的商品。一般来说，流行商品和大宗商品也有季节性，如羊毛衫、羽绒服在冬季特别畅销，而像割草机和其他园艺工具这样的大宗商品则在春夏季更加畅销。零售商应该仔细地计划采购和运送，以便与季节性需求相一致。

除上述分类方法除外，商品还有多种分类方法。按商品价格分类，可分为高价位、

中价位、低价位；按商品销售季节分类，可分为常年销售商品、季节性销售商品：按商品的使用目的分类，可分为送礼产品、自己消费用商品、集团消费用商品等，见表1-3。

表1-3　商品分类方法

根据	分类
耐用性	耐用消费品和非耐用消费品
顾客购买习惯	便利品、选购品、特殊品和非渴求商品
商品生命周期的销售变化	时髦商品、流行商品、大宗商品和季节性商品
价格	高价位、中价位、低价位
销售季节	常年销售商品、季节性销售商品
使用口的	送礼产品、自己消费用商品、集团消费用商品

四、商品分类体系

一般来说，商品分类是由粗及细形成多层次的结构。商品种类越少，分类越简单；反之，商品种类越多，则必须对其进行多层次的细分。例如，消费品首先被粗略地分为食品、服装、家居用品等几大类；接着，食品又被分为生鲜食品和加工食品；而生鲜食品又包括蔬菜、水果、鲜鱼、鲜肉等几类；其中，蔬菜又可节细分为根类、果实类和叶类等不同种蔬菜；而根类蔬菜中，又包括白萝卜、胡萝卜、甘薯等多种蔬菜。在此基础上，再细分为多个品种。因此，商品可以从横向划分为不同的类别，也可以从纵向划分为不同的层次，这样就形成了商品分类体系。一般情况下，商品从纵向可分为大类、中类、小类和品类四个层次。

第一，大类，体现商品生产和流通领域的行业分工，如五金类、化工类、食品类、日用百货类等。

第二，中类，体现具有若干共同性质或特征商品的总称，如食品类商品又可分为蔬菜和水果、肉和肉制品、乳和乳制品、蛋和蛋制品等。

第三，小类，又称为商品品种，是针对中类商品的进一步划分，体现具体的商品名称。如酒类商品分为白酒、啤酒、葡萄酒、果酒等。

第四，品类，是对商品品种的详尽区分，包括商品的规格、花色、等级等，更具体地体现商品的特征，如60°交杯牌五粮液、1.25L瓶装可口可乐。

在商品分类中，将用任一商品集合总体逐次划分为大类、中类、小类、品类在内的完整的、具有内在联系的系统，即为商品分类体系。建立商品分类体系的基本方法行两种：一种是线分类法，一种是面分类法。

线分类法又称层级分类法，它是将拟分类的商品集合总体，按选定的属性或特征逐次分成相应的若干个层级类目并编制成一个有层级的、逐级展开的分类体系，如表1-4所示小某超市商品分类体系。线分类体系的一般表现形式是按大类、中类、小类等级别不同的类目逐级展开，体系中，各层级所选用的标志不同，各个类目之间构成并列或隶属关系。由一个类目直接划分出来的下一级各类目之间存在并列关系，不重复，不交叉。

表1-4 服装的面分类法

面料	式样	款式
纯棉	男式	中山装
纯毛	女式	连衣裙
涤棉		西装
毛涤		猎装
中长纤维		夹克

面分类法又称为平行分类法，它是将拟分类的商品集合总体根据其本身的属性或特征，分成相互之间没有隶属关系的面，每个面都包含一组类目，将每个面中的一种类目与另一个面中的一种类目组合在一起，即组成一个复合类目。服装的分类就是按面分类法组配的，见表1-4。把服装用的面料、样式、款式分为三个互相之间没有隶属关系的"面"，每个"面"又分成若干个类目，使用时，将有关类目组配起来，如纯毛男式西装、纯棉女式连衣裙等。

【案例】

宜家：认识新思想的财富

举一个例子说明这意味着什么，我们考虑宜家从瑞典由一个小的邮购家具作坊发展为全球最大的家具零售商的故事。在一个几乎没有企业可以拓展到自己国家以外的行业里，宜家创造了一个一百多家商店的全球性网络。1992年，九千六百万人光顾了这些商店，总销售额达四十三亿美元。他们使宜家成为一个增长和利润机器，包括过去5年平均年增长率达到15%，外部观察家估计的8%-10%的毛利率，增长率和毛利率如此之高以至于容许公司可以不通过股票市场融资就能扩张。

到现在为止，宜家商业成功公式的关键因素已经广为人知了。简单、高质量、斯堪的纳维亚的式样设计、零部件的全球采购、顾客自己运输和装配的可拆卸的家具套件、有充足车位和附属设施，如咖啡馆、饭店，甚至摆托设施的巨大的郊外商店。宜家通过低成本的组件、有效的仓储及顾客自我服务节省下来的价值的一部分以低价的方式返还给顾客，在任何地方均低于竞争对手价格的25%-50%。

但是集中于宜家的低成本和低价忽略了它商业创新真正的重点。宜家能够保持低成本和低价是因为它系统地重新定义了角色、关系以及家具业务中的组织实践。结果是一个整体的商业系统，通过将参与者各种各样的能力比在以前同样情形下更有效率地来匹配发明价值。

从宜家与顾客的关系开始，公司提供给顾客的不仅仅是低价。它这样看问题：如果顾客认为传统上由制造商和零售商完成的特定关键任务是产品组装和送货上门，那么宜家承诺以极低的价格交付设计好的产品。宜家商业系统的每个方面都是仔细设计的，使得顾客容易接受这个新的角色。例如，宜家每年用十种语言印刷超过四千五百万份的目录。尽管每一个目录特写了公司约一万种产品中的30%-40%，但是每本目录都是一个"经文"，解释每个参与者在公司商业系统中扮演的角色。公司的商店也是一样的，给小孩提供免费的溜冰、看护以及游乐场地，同时给残疾人和老年人提供轮椅。咖啡馆以及饭店使顾客可以吃点东西。目的是让宜家不仅仅是一个家具商店，还可以是一个家庭外出的目的地。

在前门，商店提供给顾客目录、卷尺、笔以及便条帮助客户在没有销售人员的情况下做选择。产品被组合在一起，不仅仅是提供椅子和桌子，而是为生活而设计的。另外，每一件物品带有简单可读的标签，上面有产品的名字和价格；可以提供的尺寸、原材料和颜色；提请顾客注意的说明书；在店里可以订购和拿货的位置。付款以后，顾客把物品装在推车里，拿到他们的汽车上。如果物品太大，宜家借或者以成本价卖给顾客一个汽车顶架。

宜家想让他的顾客理解他们的角色不是消费价值而是创造价值。宜家提供给家庭更多的共同生产的家具，通过共同生产提高家庭生活的品质在所有方面，从内部设计到安全信息、设备、保险以及一种娱乐的采购方式。

要提请注意的是，这些服务措施低估了它们在宜家战略中的重要性。理解顾客如何创造他们自己的价值和如何创造一个商业系统容许他们做得更好。宜家的目标不是使顾客不用完成某些特定的任务，而是动员他们容易地做特定的任务。换一种说法，宜家通过顾客自己的价值创造的活动来发明价值。如同一个公司册子所说的那样："财富是实现你的想法（的能力）。"

为了动员顾客创造价值，宜家必须同样地动员它分布在全球五十多个国家的一千八百个供应商。为了在讨价还价中保持自己的利益，宜家必须寻找能提供高质量、低成本的供应商。它花费巨大的精力去寻找和评估潜在的供应商，为他们在宜家的商业系统中扮演他们自己的角色做准备。全球有三十个采购办事处在寻找候选人，然后在位于瑞典阿莫霍特宜家管理总部中心设计部的设计师，在产品上市两三年前就开始选择哪家供应商可以提供哪个部分。

一旦成为宜家系统的一部分，长期供应商不仅仅有机会进入全球市场，而且能得到技术帮助、设备租赁以及如何将产品提高到世界级品质的建议。这个努力开始于六十年代早期宜家从波兰制造商那里购买组件。今天宜家在东欧有500来家供应商。在东欧，如同别的地方一样，公司在改进合作伙伴基本的商业架构和制造标准方面扮演了重要角色。

例如，公司雇佣一个由十二个技工组成的名为宜家工程的单位提供给供应商技术方面的帮助。公司位于维也纳的业务服务部有一个数据库用以帮助供应商发现原材料，并把他们介绍给新的业务伙伴。

最后，宜家与顾客和供应商的关系的真谛同样适用于内部业务流程，内部业务流程的设计反映和支持了整个价值创造系统的逻辑。一个好的例子是宜家高效的后勤系统。

公司坚持低成本来自供应商有两个重要的暗示。第一，组件的采购是相当分散的。一个椅子的靠背和座子可能在波兰制造，腿在法国制造，在西班牙用螺丝刀组装起来。第二，公司必须大批量地订购组件。所有这些因素使得宜家必须有一个高效的系统用以订购组件、把它们组装成产品以及运送到店里去所有一切必须最小化库存成本。

这个系统的中心是宜家全球网络中的十四个仓库。最大的位于阿莫霍特，面积135000平方米，储有足够三千个三卧室公寓所用的家具物品。大部分的订购通过网络来完成。宜家全球所有商店的出纳将销售信息传递给最近的仓库和管理总部，在那里信息系统可以查看和分析全球销售和运输情况。

除了大之外，与简单的仓储设施相比，这些仓库的功能更多。它们是后勤控制中心、合并中心和运输接点，它们在需求和供给的整合中扮演一个前向性的角色，减少长期仓储的需要，减少成本，以及帮助零售商店预测需求和减少库存。

宜家不仅仅是价值链上的一个点，它是一个服务、物品及设计的星座的中心。

价值链的比喻不能抓住宜家业务系统里关系和角色的复杂性，宜家没有把自己定位于任何一个预先决定好的活动顺序里的任何一点去增加价值，宜家系统性地开始重新发明价值和业务系统，作为经济参与者的一个完全的色。公司提供给顾客和供应商共同工作、共同生产的安排同样使得供应商和顾客以一种新的方式来考虑价值对顾客的价值同样是对供应商的价值（时间、劳动、信息和运输），对供应商的价值同样是对顾客的价值（宜家的业务和技术服务）。宜家本身不仅仅是一个零售商，而是一个服务、物品、设计、管理、支持以及娱乐星系中的中心星。结果是，宜家成功了，它创造了更多的人均（顾客、供应商及员工）价值，为财务及人力资源保证比绝大多数其他公司更大的利润。

第二章　商品流通管理

第一节　商品流通的含义

一、商品流通的定义

一般地说，流通有广义和狭义之分。广义流通是指资本的流通。所谓资本的流通是指资本的再生产过程，即包括商品或服务的直接生产过程和流通过程的统一。以公式来表示就是 G——W（A+Pm）…P…W′——G。狭义流通是指商品的流通。所谓商品流通是指以货币为媒介的商品交换，也就是商品从生产领域向消费领域的社会经济性移动。所谓"社会性移动"是指商品的这种移动不仅和商品所有者有关，而且还与其他主体有关，即商品在不同空间、不同主体之间的移动；所谓"经济性移动"是指商品的这种移动可以提高商品的效用，即通过移动可以增加商品的附加价值。

马克思指出："流通本身只是交换的一定要素，或者也是从总体上看的交换。"交换就其一般意义来讲，不仅是生产物品的互换，而且也是劳动的互换，即劳动协作。一般来说，只要存在分工（包括自然分工和社会分工），这种劳动的互换关系就必然存在。

在商品生产和商品交换出现之前，人们之间的交换关系先后表现为生产过程中的各种活动和各种能力的互换以及直接的产品交换。随着生产力的发展，产生了私有制，社会分工日益深化，商品交换作为交换的特殊历史形式出现了，社会生产也逐渐由产品生产发展为商品生产。这时，生产者已不再为了生产自己所需要的全部产品，而且也不能消费掉自己所生产的全部产品。生产者生产产品一般都不是为了自己消费，而是为了他人的消费，是为了交换而生产的。这样，在生产过程和消费过程之间出现了一个中间过程。在这个过程中，社会分工中的每个生产者互为消费者，互相提供劳动产品。尽管在相对长的历史时期内，这种交换劳动产品的活动还处于偶然的、少量的、原始的状态。

由于劳动产品所有权的存在，产品交换必须以等价交换的形式来实现，当货币出现以后，它作为稳定地充当一般等价物的特殊商品从商品世界游离出来，用自身来反映商品的价值，解决了产品交换在时间和空间上的矛盾，为产品交换提供了极大的便利，这种交换就其体现的经济关系而言，是不同的所有者之间的劳动的等价交换；就其运动形式来看，则表现为商品——货币——商品（W——G——W）的商品交换过程。不仅发生使用价值的易手，而且还包括价值形态的变化，这种形态的变化由两个互相对立、互为补充的运动 W——G 和 G——W 组成，即卖和买的对立统一。更为重要的是，不仅交换活动数量增多，交换行为经常化，而且形成了一个商品交换的序列，结成一个链条，成为用流不息的商品交换体系。也就是说，每个商品的形态变化所形成的循环，同其它商品的形态变化所形成的循环不可分割地交错在一起。货币并没有从商品的形态变化系列中消失，却不断地媒介着商品的形态变化，把无数个商品交换过程连接在一起，形成了商品交换的全部过程，而这个全部过程中就表现为商品流通。

随着社会生产力和商品经济的发展，以交换为目的的生产在社会生产中居于主导地位，商品流通过程的作用涉及到整个社会经济生活的各个方面，成为社会再生产过程的一个必不可少的重要经济过程。在资本主义经济中，社会化大生产的形成，社会分工的高度发达，使得商品流通成为社会经济运行的关键环节。不仅绝大多数劳动产品都是商品，而且劳动力也成了商品，进入流通过程。生产的直接目的在于交换。而最终目的是取得剩余价值，使用价值只不过是交换价值的物质承担者，是实现剩余价值的手段。产品能否通过交换实现自己的价值，能否顺利通过流通过程进入消费领域，决定着生产过程所消耗的劳动能否得到补偿、产品中所包含的剩余价值能否得以实现，同时也决定了资本能否完成循环和周转。马克思指出："不管资本在直接生产过程中吸取了多少剩余价值并把它体现在商品中，商品，中包含的价值和剩余价值都必须在流通过程中才能得到实现。"商品流通是商品经济发展的产物，随着商品经济的发展，商品流通日益成为决定社会经济运行的重要过程。

二、商品流通的基本形式

从商品和商品交换的出现，直到商品流通发展成为社会化大生产中复杂的、重要的、独立的经济过程，经历了几千年漫长的历史时期。商品流通由低级、简单到高级、复杂，不断地蜕化，从内容到形式，发展着自己。

最初的交换只是原始共同体的剩余产品，是在共同体的尽头出现的。人类社会最初的商品交换，表现为直接的物物交换，即商品——商品（W——w）。在这种交换形式下，生产的目的并不在于交换，只是为了自身的消费，满足消费之后的剩余物品才偶然地用来交换。这些产品在交换之前不是商品，它们通过交换才成为商品。这种交换，无论就其物质内容，还是交换形式而言都是极其简单的。交换双方在让渡自己的商品的同时，也随着商品经济的发展，自发地产生了货币，使物物交换发展成为以货币为媒介的交换，既简单的商品流通。统一的交换行为在时间和空间上分离为卖和买两个相对独立的行为，即分解为 W——G 和 G——W 两个阶段。使一个商品的总形态变化，在其最简单的形式上，包含四个极和三个登场的人物："组成一个商品的循环的两个形态变化，同时是其他两个商品的相反的局部形态变化。同一个商品开始它自己的形态变化系列，又结束另一个商品的总形态变化。商品在它的第一个转化中，即在出卖时，一身兼有这两种作用。而当它作为金蛹结束自己的生涯的时候，它同时又结束第三个商品的第一形态变化。可见，每个商品的形态变化系列所形成的循环，同其他商品的循环不可分割地交错在一起。"由于交换已不再是当事人的两个商品生产者之间的交换，而在他们两者中间插入了手持货币的第三者。商品和货币换位以后，又重新产生了一个货币持有者。也就是说，每次交换过后都会出现新的货币持有者在市场上继续进行交换，从而形成了一个以货币为媒介的商品交换锁链。这种商品流通不仅在形式上，而且在实质上不同于直接的物物交换过程。它一方面打破了直接产品交换的时空限制，推动了商品交换的发展；另一方面，使商品交换的经济关系更加复杂化、多元化。由于在商品的数量、品质、花色、品种、规格、价格等方面的要求，产生和发展了买与卖的矛盾、商品与货币的矛盾、供给与需求的矛盾、价值与价格的矛盾、各部门、各地区间竞争的矛盾，以及更大范围的生产与消费的矛盾等等。这些矛盾所反映的复杂的经济利益关系，如同自然规律一样，是不以人的意志为转移的，并成为支配社会经济生活的最基本的客观推动力量。

无论是直接的产品交换，还是简单的商品流通，都是由商品生产者作为当事人的。"买卖所浪费的时间，就是他们的劳动时间的一种扣除。"由于商品生产的发展，商品交换的范围和规模不断扩大，生产者用于买卖的时间日益增多，生产活动和交换活动的矛盾日益突出。为了适应商品交换的需要和节省商品生产者花费在商品交换上的时间，专门从货商品交换活动的商业，便应运而生了。这就发生了人类历史上第三次社会大分工。商业的出现，产生了一个不从事生产而只从事商品交换的阶级 -- 商人。一部分精明的富裕的商品生产者首先用货币购买商品，再把商品转卖出去，换回货币，形成了专门从事商品交换活动的商业资本。由此，商品交换的形式也发生了变化，由 W——G——W 转化为 G——W——G，即发达的商品流通。

这两种商品流通形式有着本质的区别。发达的商品流通形式，不仅在流通的形式上，而且在流通的目的、动机，以及所体现的经济关系上都不同于简单的商品流通形式"在简单的商品流通形式中，流通过程是以卖开始，以买结束。始点和终点都是商品，交换以货币为媒介，同一货币换位两次，而且货币的支出和收入之间没有任何关系；

流通的动机是为买而卖，买是为了满足在流通之外的某种需要；在经济关系上交换双方直接联系，是等价物的交换，而在发达的商品流通形式中，流通过程是以买为开始，以卖为告终，始点和终点都是货币，交换以商品为媒介，同一商品换位两次，支出货币是为了再取得货币，货币的支出与收入之间有直接的关系；流通的动机和目的是为卖而买，买的目的就在流通领域之内；在经济关系上，由于商人的介入，使生产和消费变为间接的关系，流通的结果是带来更多的货币。

商业的产生是历史的进步，虽然商人的活动不创造价值，也不创造产品，但可以使社会的劳动力和劳动时间只有更少一部分被束缚在这种非生产职能上。一个商人"可以通过他的活动，为许多生产者缩短买卖时间。因此，他可以被看作是一种机器，他能减少力的无益损耗，或有助于腾出生产时间。"商人充当生产者和消费者交换商品的中介人，通过商人的购买来实现生产者的销售，通过商人的销售来实现消费者的购买。商人以采取为卖而买，先买后卖这种特有的经济活动形式媒介着商品交换，可以在较大程度上克服生产和消费的时间和空间矛盾。但是，商业活动不可能完全克服社会生产和消费的矛盾，有时甚至还会加剧这种矛盾。

以上，我们从历史发展的角度，阐述了商品流通形式的发展过程。然而，从现实来看，却并存着三种形式的商品流通，即"物资协作"、"易货贸易"式的商品流通、"不以商人为媒介"的直接流通和"以商人为媒介"的间接流通。

"物资协作"是我国特有的一种商品流通形式，是指不以货币为直接的交换媒介而进行的商品交换，即交换双方按一定的交换比例，互换双方所需要的商品，一般不进行货币结算，"物资协作"主要以生产资料之间的协作为主，但也有生产资料与生活资料的协作，以及生活资料之间的协作。在传统的计划经济时代，以及经济体制改革初期，"物资协作"曾经是一种重要的商品流通形式，在商品流通过程中发挥了重要的作用。"物资协作"虽然在性质上已不同于历史上的"物物交换"，但是，在形式上却同历史上的"物物交换"很接近。应该说明的是，我国的"物资协作"是在经济实物化、计划化和商品短缺的背景下产生的，因此，随着经济体制的改革，经济货币化、市场化的不断深入，以及商品供给的日益充足，"物资协作"将逐渐减少。但是，在一定时期内，在特定情况下，"物资协作"还会有一定的活动空间。

除"物资协作"以外，"易货贸易"也是一种不以货币为直接交换媒介的商品流通形式。所谓易货贸易，就是国与国之间不用外汇支付，以货换货的贸易方式。一般通过双方指定的银行负责交换货运单据，或者两国之间协商一种简易货清算单位，通过这种清算单位，随时进行计价和结算，但这种清算单位不能流通，只作为计价和结算易货贸易的一种手段。在一定条件下，易货贸易可以带动滞销商品的出口，从而有利于扩大出口贸易，促进贸易平衡；同时，还可以克服由于外汇支付上的困难所造成的贸易障碍，作为反歧视、反限制的一种自卫手段。从现实来看，易货贸易仍然是一种重要的国际贸易方式，在国际贸易中占有重要的地位。

"不以商人为媒介"的直接流通是指生产者不经过中间商，直接将商品销售给消费者或用户的流通方式。这种流通方式，在生产资料流通，特别是那些大量生产、大量消费的生产资料流通，或者专用性很强的生产资料流通中被广泛采用。

"以商人为媒介"的间接流通是指生产者首先将商品销售给中间商，然后再由中间商将商品销售给消费者或用户的流通方式。这种流通方式是最普遍的流通方式，生活资料流通，以及那些通用性较强的生产资料流通大多都是采用这种流通方式。当然，商品在采用这种流通方式流通时，既可以是一次经过中间商，也可以是两次以上经过中间商。

由上可知，虽然商品流通形式在历史上依次经过了物物交换（W——W）、简单商品流通（W——G——W）和发达商品流通（G——W——G）。但是，在现实中，商品流通形式并非仅有发达商品流通这一种形式，而是以发达商品流通为主，同时还存在着其他形式的商品流通。这一点是必须明确的。

第二节　商品流通的意义及流通产业论

一、商品流通是社会再生产不可或缺的环节

什么是商业？什么是商品流通？什么是贸易？这不仅在理论上混淆，在机构上也难以区别，在实际上存在差别，容易产生疑惑。实际上，商品流通和贸易都是从不同的角度研究交换行为、交换过程和交换现象。商业是商人与商法人为主体，从横向的角度，研究商业产业的结构、政策和行为，业种、业态的分布和组成；从供给的角度，研究如何构建多元化、多样化、多层次化的供给体系，以达到扩大内需、保障供给的目的。商品流通是指商品从生产出来以后在进入消费领域以前的全过程，是从商品作为客体出发，研究商品流向、流速和流效，研究商品流通规律和客观条件。贸易是以交换方式为对象，研究贸易的时间、空间和必须具备的条件，是国际贸易还是国内贸易，是现货贸易还是期货贸易，是现金买断还是分期支付，是代理还是经销，是典当还是拍卖，主要研究交易形式和贸易方式。因此，商业、商品流通和贸易经济三者都有特定的对象，特定的内容，都有自己的学科体系。

马克思说过："流通本身只是交换的一种要素，或者也是从交换总体上看交换流

通是一连串的交换。它是商品运动，也是所有制转让和占有的一种运动商品实体的移动过程，它是社会分工、私有制和货币产生的产物，没有分工就不需要再交换，没有不断的占有就不存在不断的转让，通过不间断的交换，直到最终到达消费者手里，流通过程才结束。

分工的发展和私有制的产生，使工业已存在的交换，从偶然交换变为经常交换，从物物交换发展为商品交换，并出现了专门为交换而生产的经济行为和经济行业，这就宣告了人类社会已步入商品经济门槛。

物物交换（W——W）受到时空的限制，以及交换双方需求不一致、数量不平衡，严重地影响交换的顺利进行。于是，货币作为一般等价物便应运而生。随着货币的产生，首先，人们可以把自己的产品换回大家都能接受的货币，再在合适的时间和地点，买回自己所需要的产品。货币把买卖分解为两个不同的过程：W——G，G——W。卖不一定要买，买不一定要卖，买卖双方有了更大的灵活性、选择性。其次，货币作为一种共同的等价物，使买卖双方有一个共同的衡量标准，体现等价交换的原则，便于双方接受，使交换得以顺利进行。再次，由于货币的价值量可以分解，买卖可以分散进行。特别是换回货币后，人们在购买商品过程中，可以集中也可以分散进行，可以在一地购买也可以在多地购买，可以购买某一种商品也可以分散购买多种商品。这样，货币就在时空上扩展了交换范围，调节着数量的变化，促进了商品经济的发展。

货币的出现，使物物交换变为以货币为媒介的商品交换，即 W——W 发展为 W——G——W，不仅交换的形式发生变化，交换的数量增加，范围扩大，而且产生质的飞跃。

没有交换就没有流通，流通要以交换为内容和目的，才能借以生存和发展；而交换只有在流通中，才能打破时空界限，在更大空间更长时间内完全大批量、多品种、广地域的交换。市场经济实质上是交换经济，只有通过交换才能实现社会的分工与合作，促进生产要素的有机结合，实现社会资源的有效配置。商品流通只受两个规律支配，一是内在的供求差距，只要存在着生产和消费的不一致，存在产地和销地的差别，就存在着商品流通，商品通过流通去寻找新的主人，从而实现其价值和使用价值；二是价格差距，存在着商品在时间和空间的差价，就存在着利润的空间，就为商人进行媒介商品交换提供了内在的动力和外在的条件。

落差决定势能，势能转换动力，落差越大动力越强。同理，市场的活力取决于流通的规模和结构，取决于供求差异所带来的利润空间。市场不论是作为交换场所的空间概念，还是作为交换关系总和的系统概念，都是通过流通一连串的交换所决定的。没有交换和流通，也就不存在着市场。也可以这样说，市场经济中的一切经济关系，归根到底是交换关系，这个关系是通过流通来嫁接、来沟通、来完成的。

第一，市场机制的核心是流通，流则活，不流则死；流则畅，不流则阻。商业改变生活也改变世界，各国之间的关系实质是经济关系，是合作共赢的关系。都是商品交换关系，没有平等互利，自愿让渡，那只是政治的强加或欺诈行为，是政治联盟，是短暂的，只有经济合作、平等交易才是长期的、稳定的、共赢的。

第二，流通是实现经济全球化的重要手段，国际的分工和合作，是以市场经济的共同规律和国际惯例为依据，以流通为纽带，通过贸易和商业活动，实现商品、服务、技术、资本全球性流通，从而达到分工合作、优势互补、缩小差距、共同发展的目的。没有流通的国际化就不可能实现经济的全球化，国际大都市的功能就不可能得到充分发挥。国际间的合作实质是商业合作，国与国之间的交往主要表现为商业交往，通过广泛的商业交往、交流和交易，通过多方位的流通，实现国家之间的经济合作、技术交流，互相促进，以不断推动人类社会的共同进步。而城市尤其国际大都市是这个交往的连接结合部和平台，流通产业则是它的连接器和着力点，它起到内联外合、纵横衔接、四面沟通的媒介和先导作用，从资本、商品的引入、调研咨询、经销代理到投资环境的营造，哪一样都离不开流通。

第三，流通是对外交往的基础。经济全球化是世界经济发展的必然趋势，通过商业交往和贸易合作，实现在世界范围的分工合作和优化组合，达到密切合作、优势互补、缩小差距、共同发展的目的。我国加入世贸组织意味着中国经济运行要纳入世界经济运行轨道，商品、技术、服务可以在全球范围内流通，逐步推行全方位开放。对外开放要以流通开放为先导，以完善的市场环境为条件，最终表现为对终端市场的份额的占有。也就是说，从资本融通到商品贸易，从市场准入、咨询调研到经销、代理，从资源配置到技术合作，从生活条件到投资环境，哪一件都离不开流通的先导、中介和调节作用，都要建立在以流通为基础的条件上。第四，交换的状况制约企业生产的深度和广度。首先，交换是商品生产存在和发展的必要条件。这是因为：（1）交换是为了满足消费需要，在商品经济的条件下，没有交换，就实现不了生产消费为的目的，生产就失去了存在的意义；（2）社会再生产的过程是商品生产和商品交换的统一，没有商品交换，商品价值无法实现，不仅扩大再生产不能实现，连简单的再生产也无法维持；（3）商品生产只有通过交换，生产过程中的劳动消耗才能得到合理的补偿，再生产所需要的各种生产要素才能源源不断地从市场取得，为生产顺利进行创造必要的条件。其次，交换的规模和速度，制约着生产的规模和速度，生产以交换为前提条件。当市场扩大时，交换范围也扩大，产品有了销路，也就推动生产规模的扩大。交换速度越快，商品流通的时间越少，从而生产时间就越多，加速了生产过程，促进劳动生产率不断提高。再次，交换促进社会分工的发展。分工以合作为前提，才能使分工所激发的潜在生产力成为现实的生产力。社会的生产分工是商品产生和发展的基础，而交换又是社会分工存在的条件。社会分工越细，专业化程度的越高，相互依赖越大，越需要通过交换才能实现彼此的合作。因此，发达的交换可以促进社会分工的发展和专业化程度的提高。最后，通过交换实现社会资源的有效配置。市场配置资源有利于优化生产要素组合，实行商品产需衔接、供求均衡，有利于刺激劳动生产率提高，有利于发挥竞争和优胜劣汰机制的作用，增强商品生产经营的能量。交换可以通过分工和专业化提高资源使用效率，提高社会劳动生产率，提高经济增长速度。这就是实现市场化、发挥市场配置资源的本质要求。

依靠市场运行机制进行资源配置的方式，可以使企业和市场发生直接的联系。企业根据市场上供求关系的变化状况，根据市场上产品价格的信息，在竞争中实现生产要素的合理配置。市场调节的实质就是价值规律调节。价值规律是通过价格、供求和竞争调节社会劳动分配比例的，是一种"看不见的手"的调节。正如恩格斯所说："只有通过竞争的波动从而通过商品价格的波动，商品生产的价值规律才能得到贯彻。"

二、流通产业论客观依据

随着经济的发展，流通的地位越来越重要，我们对流通的认识也发生重大变化，从传统计划经济下"流通无用论"、"流通从属论"到"流通先导论"、"流通支柱论"的提出，不仅是理论上的创新和发展，也极大地推动流通产业的蓬勃发展。但是，对流通产业的定位，尚在商榷之处，还有不同观点。但是流通产业不仅在国民经济运行中起到了主导作用，而且它的实质已发展为基础产业，具有基础产业的基本特点和作用，在国民经济运行中发挥基础性作用，在我国是笔者首先做出这个论断并加以论证的。

流通产业基础论的提出，主要依据以下三个基本理论认识的转变：

一是流通产业创不创造价值，是不是生产性行为。传统的观点，流通不创造价值，也不属于生产性劳动，因此，即谈不上是产业，更不可能成为基础产业。是否是体力劳动、提不提供有形产品为衡量标准的，这是传统的认识。事实上，不论是有形产品还是无形产品，是物质的产品还是精神的产品，是体力劳动还是脑力劳动，是物质的还是精神的，只要有使用价值，能为社会提供有益的需求，不论是满足生产还是满足生活，都是有价值的，都属于生产性劳动。如科学技术、文化教育、艺术体育、医疗保健，以至于整个第三产业，它们虽然不直接生产有形产品，不全是体力劳动，但它们都以不同形式提供各种服务，被社会所承认，为社会实现价值、创造价值、积累财富、创造财富，都是生产性劳动。否则，我们就无法理解"科学是第一生产力"这一伟大论断，也难以理解第三产业会对国民经济产生越来越大的贡献。世界第三产业的比重已达到60%，发达国家都在75%以上，成为国内生产总值的主体和国民经济运行基础。相反，如各种废品次品、伪劣产品，甚至毒品和各种违禁品，虽然都是物质产品，同样凝结着人们的劳动，但由于不被社会所承认，却给社会带来种种危害，既无价值可言，它们的劳动也不算作生产性劳动。

流通产业既提供有形产品，也提供无形产品，以多种形式满足社会生产和生活需要，既实现生产部门创造物质产品的价值，也实现"追加服务"自身创造价值，成为社会不可或缺的经济部门。要为流通产业实名，流通是生产性产业，商业劳动是生产性劳动。

二是交换与生产的关系，交换是不是始终被生产所制约，交换能不能决定生产。流通在国民经济中的地位是交换在社会再生产中的地位所决定。传统的观念是生产决定交换，流通始终处于被决定的地位，从属于生产。事实上，生产与交换的关系是依着客观条件的变化而变化。它们的关系大体经历三个阶段。第一阶段，在简单的商品生产条件下，是生产决定交换，生产什么交换什么，生产多少交换多少，交换的是剩余产品，生产决定交换处于被动地位，流通也无所作为。第二阶段，在商品经济条件下，商品是为交换而生产的产品，生产与交换是互为条件、互相决定的关系，生产决定交换，交换也决定生产，两者之间的关系是纵坐标和横坐标的关系。对于前面过程来说，生产是起点，交换是终点，没有生产就没有交换，生产决定交换而对后一过程来说，交换又成为起点，生产是终点，没有交换为前提，任何生产都无法进行，交换决定生产。生产——交换——生产——交换……，互为条件，连续不断，推动着整个商品生产的发展。第三阶段，在市场经济条件下，一切生产都是为了交换，企业所有的经济行为最终都要表现为交换行为。交换为体现消费在市场的需求，既是生产的起点也是生产的归宿。有交换才有生产，交换什么生产什么，交换多少生产多少。没有交换的生产，无法实现其价值，是一种无效的劳动，只能导致社会资源的浪费。传统的观念是按计划生产、按产能的规模来组织生产，因此，导致产销脱节，只注重产值不注重价值的实现，形成大量的产品积压。这是我国长期以来经济运行产生高速度低效益的根本原因。

生产发展到一定程度，市场就是决定因素。市场经济也叫做"订单经济"，生产的行为完全取决于市场的需要，由订单组织生产、按社会需求制定企业的发展战略3生产的规模和结构，完全取决于流通的深度与广度。要打破传统观念，按市场经济的规律要求，重新认识生产与交换关系，才能摆正流通在国民经济发展中的地位。

三是流通力构不构成社会生产力。至今为止，有不少学者还不承认流通是生产力的重要组成部分。在研究和评价城市或企业竞争力时，列出许多指标，形成不同的评价指标和指标体系，但就是没有流通力指标。对于占增长率50%以上国内零售市场的忽视，这不仅仅是不公正的，也是违背客观现实，是新的形势下轻视流通的一种表现。

马克思认为，商品生产以商品流通为前提，流通和生产一样重要，流通当事人和生产当事人一样必要。社会生产力是由生产力与流通力组成的，即社会生产力：生产力流通力的乘数。在一定时期生产力是相对稳定的，而流通力的状况不仅直接关系生产力的实现，而且还直接影响市场供应。如生产力是一，流通力小于一，没有相应的销售渠道和市场空间，就会导致整个社会生产力小于一，必然出现产能闲置，产品价值无法全部实现；如果流通力大于一，不仅生产的产品全部卖出去，还可以通过境外交易，进一步扩大市场的贸易量，来弥补生产力不足，满足城市多元化的需求。

第三节　商品流通的职能

一、制约生产的职能

任何社会化的大生产都是依次经过生产、分配、交换、消费四个环节而周而复始的再生产过程。在这个过程中，生产表现为"起点"，消费表现为"终点"，分配和交换表现为"中间环节"。社会再生产过程的各个环节也不是孤立的，而是存在着互为条件、相互依存、相互制约、相互影响的辩证关系。它们既相互联系，又相互区别，分别担负着不同的社会经济职能。一般来说，生产居于决定的地位，生产决定着分配、交换、消费和它们之间的相互关系。但是，分配、交换和消费也不是消极地处于决定的地位，它们对生产也有反作用。商品流通是商品经济条件下社会再生产运动的中介和前提，是重要的经济过程。商品经济越发展，商品流通的职能就越重要。在此，我们首先分析商品流通制约生产的职能。

生产是指人们利用生产工具一定的生产关系联系起来，改变劳动对象以适合自己或社会需要的过程，即指直接的生产过程。在人类社会发展的历史长河中，没有生产便不可能有人类的物质生活，从而人类社会也就不可能存在。所以，生产活动是人类最基本的实践活动。

从本源论出发来研究商品流通与生产的关系，我们会得出生产决定流通的结论。"没有生产，交换——正因为它一开始就是产品的交换——便不能发生。"所以，一般说来，生产处于决定地位。这主要体现在三个方面：首先，生产的社会分工，是交换产生和发展的必要条件。由交换形成的商品从生产过程向消费过程的运动，作为一个经济过程，在自给自足的自然经济中是不存在的。因为在那时，人们生产着自己需要的全部产品，产品生产出来就直接消费掉了，不发生同外界交换产品的活动，因此也就没有流通过程。正是由于社会分工的发展，才产生了生产者之间相互交换产品的必要和可能，才使其产品转变为商品。其次，生产方式的性质决定交换方式的性质。商品流通作为流通一般，既是存在于几个社会形态的共有的经济范畴，又在不同社会形态下表现为各种特殊的形式。也就是说，既有处在原始社会末期萌发、又在奴隶社会和封建社会得到发展并与小商品生产方式相适应的简单商品流通，又有以资本与雇用劳动相交换为基础的资本主义发达的商品流通，还有以生产资料公有制为基础的社会主义商品流通。由此可见，商品交换方式决定于生产方式。再次，生产发展的规模和结构决定交换的深度与广度。生产越发展，生产力水平越高，则社会分工越细，专业化生产程度越高，从而各企业、各部门、各地区之间的横向经济联系越紧密，使商品生产者对市场交换的依赖程度增大。同时，生产越发展，产品的品种和数量越多，交换的规模就越大，交换的范围也就越广。

社会分工的产生和发展，不断地推动着社会生产的发展。分工使生产越来越专业化，每一个生产者只有生产少数品种的产品，而任何一种产品，即使是简单产品的生产，所需要的生产条件都不可能是单一的。这样就形成了每一个生产者只生产很少种类的产品提供给社会，同时又需要许多其他生产者的产品作为自己生产条件的矛盾。分工愈细，专业化生产愈发展，这种矛盾也就愈突出。这样，生产者对商品流通的依赖性也就越来越大，以致于对社会化大生产来说，没有商品流通或者商品流通不顺畅便不可能进行生产。

在社会再生产过程中，生产决定交换，流通过程总的来说是受生产过程支配的。但交换对生产也不是一个消极被动的因素，它对生产具有重大的反作用，而且在特定的条件下起着决定性作用。我们从社会再生产周而复始的运动中进行考察就会发现，生产和流通是互为媒介的，从生产过程出发，流通过程处于两个生产过程的中间，即 P…W——G——W…P，表现为生产过程的媒介；从流通过程出发，两个流通阶段的中旬是生产过程，即 G——W…P…W——G，生产过程又表现为流通过程的媒介。从本源上看，当然是生产决定流通，但是作为一个运动过程或运动系统来看，双方经常是互相决定的。事物的因果关系经常变换，因可以变为果，果可以变为因。生产和流通相互决定乃是发达的商品经济的一大特征。恩格斯曾对生产和交换的关系作过十分精辟的论述："这两种社会职能的每一种都处于多半是特殊的外界作用的影响之下，所以都有多半是它自己的特殊的规律。但是，另一方面，这两种职能在每瞬间都互相制约，并且互相影响，以致它们可以叫作经济曲线的横坐标和纵坐标。"流通对生产的反作用主要表现在它能够推动和制约生产的发展。可以这样说，流通是商品生产得以存在和发展为前提条件。因为商品生产是以交换价值为目的的生产活动，而产品只有通过流通过程，才能实现其交换价值。

从总体上讲，流通对生产的反作用表现在两个方面。一方面，生产者必须通过市场把商品销售出去，换回货币，使商品价值得到等量补偿。商品生产者不单要在交换中收回商品价值 C 的部分，还要在交换中收回商品价值 V+M 的部分，以补偿生产商品时的劳动消耗，应获得一定的剩余，以保证简单再生产或扩大再生产的顺利进行。

如果商品在市场上没有销路，生产就失去了正常周转的条件，再生产便无法进行。另一方面，商品生产者要通过市场购买生产资料，使商品的使用价值得到物质交换，补偿生产的物质资料消耗。商品生产过程中所消耗的各种物质资料必须在流通过程得到更新，也就是说，商品生产者在实现了商品价值之后，还必须购买在使用价值形态上能够替换已消耗掉的物质资料，否则，再生产同样无法进行，由此可见，流通过程的两个主要经济内容，即商品的价值补偿和使用价值的物质替换，是流通对生产发生作用的两个主要因素。具体来说，流通对生产的制约职能有以下三点：

首先，流通能力影响生产能力的发挥"流通能力是指一定时期内社会所拥有的流通劳动的数量与质量，具体表现为流通机构、流通人员、流通设施等等的数量与质量。它表明一定时期内能够使多少商品、以多快的速度、以怎样的成本实现商品流通。固然，流通能力是由生产能力所决定的，但是在商品经济条件下，既定生产能力的充分发挥，是以商品流通的迅速、高效为前提的。因此，流通能力对生产的发展有重大影响。正如马克思所指出的那样："当市场扩大，即交换范围扩大时，生产的规模也就增大，生产也就分得就更细。"从这个意义上讲，流通能力的扩大是商品生产发展的必要条件。如果流通能力不足，则无法完成商品流通的任务，从而阻碍生产的发展；如果流通能力过剩，则会造成社会劳动的浪费。因此，对任何社会来说，保证流通能力与生产能力相互适应，都是必要的。在自然经济占统治地位的社会里，市场狭小，流通能力不足，因而商品生产的发展缓慢。而在资本主义社会，市场范围扩大，流通能力增加，进而促进商品生产的发展，由于我国的商品经济不发达，特别是长期以来，在"重生产、轻流通"甚至"无流通论"思想的影响下，对商品流通领域的投入不足，从而严重阻碍了商品生产的发展二次改革开放以来，逐步改变了对商品流通的错误认识，增加了对商品流通领域的投入，从而促进了国民经济的成长。但是，由于对流通领域的"欠账"过多，从总体上看，商品流通能力的增长仍然赶不上生产能力的增长，商品流通部门仍然是国民经济的，个"瓶颈部门"，因此，还需要加大商品流通领域的投入，增强流通能力。

其次，流通速度影响社会再生产的速度。商品流通速度是指商品在单位时间里从生产领域进入消费领域的数量，通常用商品周转天数来表示，包括商品从离开生产领域到进入消费领域所用的全部时间。社会再生产速度的快慢，是以社会再生产周期（即生产时间和流通时间的总和）的长短来衡量的。所以，商品流通时间的长短自然会影响再生产周期的长短，从而影响再生产的速度。正如马克思所说："流通时间的延长和缩短，对生产时间的缩短或延长，或者说，对于一定量资本作为生产资本执行职能的规模的缩小或扩大，起了一种消极限制的作用，资本在流通中的形态变化越成为仅观念上的现象，也就是说，流通时间越等于零或近似于零，资本的职能就越大，资本生产效率就越高，它的自行增殖就越大。因此，资本的流通时间，一般说来，会限制资本的生产时间，从而也会限制它的价值增殖过程。限制的程度和流通时间持续的长短成比例。"也就是说，流通速度越快，流通时间越短，就越可以相对增加生产时间，加快生产的发展。过去，我们只注重生产发展的速度，忽视流通发展的速度，结果是欲速则不达。所以，加快商品流通速度对于提高生产发展速度具有重要意义。

最后，商品流通效益制约生产效益。商品流通的经济效益是商品流通过程所反映出来的社会生产与商品流通统一的经济效益，也就是说，流通过程既有其自身的经济效益，又有实现生产效益的职能。生产领域的经济效益必须通过商品流通过程才能最终实现。商业职能独立化之后，为生产企业带来更多的经济效益。由于流通与生产的相对分离，流通部门专门从事商品买卖，比生产部门更熟悉市场情况，了解消费者的需求，精通销售技术，从而有利于缩短商品流通时间，有利于生产企业节约流通资金，加快资金周转，使等量资金带来更多的利润。另一方面，由于流通部门把众多的购销活动集中起来，代替了千万个生产企业的流通职能，生产并缩短了销售商品的时间，从而相对增加了生产时间，增加了生产利润。

总之，商品流通是社会再生产过程的客观要求，是社会分工发展到一定阶段的必然产物。它自始至终制约着生产，或促进或阻碍生产的发展。生产规模越大，社会分工越细，商品流通对生产的制约作用就越显著。

二、实现分配的职能

分配，是对社会总产品的分配，它将社会总产品分为扣除补偿生产过程中的物质消耗和用于扩大再生产的积累部分之后，再确定各个社会成员拥有的份额或比例。社会总产品是社会物质生产部门的劳动者在一定时期内所生产出来的物质财富的总和。但是，它并不都是本期劳动所创造的价值，其中有相当一部分是在生产过程中消耗掉的各种生产资料的价值。也就是说，这些价值是在前期创造出来并转移到本期的。从社会总产品中扣除掉这部分生产资料的价值，才是本期劳动所创造的价值，也称新增价值，即国民收入。

国民收入的分配是在整个社会范围内进行的，是十分复杂的。它首先是在直接创造国民收入的企业中进行的，我们把这种分配称作国民收入的初次分配。初次分配的结果是，将国民收入分解为三个部分：一部分是以工资形式支付的劳动报酬，这部分是劳动者为自己创造的价值，主要用于个人或家庭的生活消费；一部分是以税金的形式上缴给国家，形成国家财政收入；还有一部分是以税后利润的形式留给企业支配的纯收入，用于企业的发展和职工福利。国民收入经过初次分配后，还要经过国家财政预算和价格体系等渠道进行再分配。国家财政预算对国民收入的分配，是国家财政部门利用国家预算把企业、事业单位以及个人上缴的税金收集起来，形成国家财政收入，然后通过财政支出，分配到扩大再生产和保证社会消费等方面去。价格是调节国民收入在各部门、各阶层分配和再分配的重要杠杆。在市场经济条件下，价格体现着生产者、流通者和消费者的经济利益，因此价格比例关系实际上构成物质利益的分配体系。

分配与交换是社会再生产过程中连接生产和消费的两个相对独立的中间环节，它们之间互为前提、相互制约。分配与交获的前提都是生产，没有生产，没有产品产出，分配和交换同样没有对象。而且，分配和交换都对生产发生反作用。商品经济条件下，社会总产品要以价值来衡量，用货币来表现，要通过货币形式进行分配。也就是说，产品生产出来之后，首先通过交换完成从生产到消费的转移，取得货币收入后才能进行分配。从这种意义上讲，交换是分配的前提。从社会再生产的角度来看，分配确定了社会成员在社会总产品价值量中获得的份额，使社会总产品的价值量在社会成员之间、在各种用途之间进行分割和转移，为交换创造了前提条件；而交换则表现为社会成员用在分配中的所得份额换取各自所需的具体物品，使社会总产品的各种不同使用价值在社会成员之间进行物质传递和转移，使分配得到最终实现。因此，只有使分配和交换相互协调，各自为对方提供实现的条件，才能保证自身的顺利实现。

首先，分配的形式是由交换的形式所决定的。人类社会的蒙昧时代，人们共同劳动，共同消费，平均分配，没有也不可能进行产品交换。随着社会分工的发展，交换产生了，并逐步成为社会再生产的一个重要环节。最初的交换是物物交换，与此相适应，分配也采取了直接的实物分配的形式。随着商品经济的发展，交换的形式从直接的物物交换过渡到以货币为媒介的商品交换，分配的形式也就从直接的实物分配形式转变为通过货币形式进行的价值分配形式。

其次，流通是实现国民收入分配和再分配的重要经济过程，从国民收入的分配来看，无论是积累基金，还是消费基金，在商品经济条件下都只能采取价值形态的分配形式，是货币战的分配。而且只有货币转化为商品，变成实际的使用价值，分配的结果才能最终得以实现。另一方面，国民收入的再分配也不能不通过流通过程。物质生产部门经过初次分配之后向国家上缴的税金和利润，是国家财政收入的主要来源。通过财政支出向生产部门分配，是国民收入再分配的主要途径。除了这条途径以外，更多、更复杂的再分配关系是通过流通过程才得以实现的。比如，流通企业上缴的税金和利润形成国家的财政收入，并且流通过程又实现国民收入初次分配和再分配形成的购买力。另外，通过价格实现的再分配，也是在流通过程中实现的。

三、满足消费的职能

消费是物质资料的使用价值的使用消耗过程，作为经济学所考察的消费对象首先是人类劳动提供的产品。广义的消费是一个总体的概念，既包括生活消费，也包括生产消费。生活消费是指产品离开生产、分配和交换过程变成了个人需要的对象，被用于满足个人生活需要的行为过程。生产消费是指生产过程中生产资料的使用消耗，它与另一产品的生产过程是一致的。当生产资料被消费掉以后，生产资料的使用价值也就完结了，生产了另一种使用价值的产品，与此同时，生产资料的价值则转移到新产品的价值之中。从社会再生产的角度来看，生活消费和生产消费之间有一定的联系，它们互为条件，相互影响，然而在性质上却是不同的。生活消费是社会生产的最终目的；生产消费是将社会的一部分财富转化为新的生产力。如果社会只有生活消费而停止生产消费，社会已有的财富就会很快耗尽；反之，如果只有生产消费无生活消费，生产就失去目的和动力，人类便失去了生存的条件。

消费是由生产决定的。消费的对象是由生产提供的，消费的规模和结构取决于生产的规模和结构。但是，在市场经济条件下，不论是生产资料还是生活资料，要使可能的消费对象成为现实的消费对象，使产品成为现实的商品，实现生产的目的，都必须通过商品流通过程来实现产品从生产领域到消费领域的转移。当产品还没有达到消费领域时，它只是一种可能的消费对象，而不是现实的商品。只有完成了流通过程，使产品从流通领域进入消费领域，才能变成现实的消费对象、现实的商品。因此，商品流通在客观上具有满足消费的职能。同时，物质资料的生产过程，就是劳动者使用工具改变劳动对象，把原材料加工成品的过程，是人的体力、脑力和生产资料被使用、被消耗的过程。社会生产要连续不断地进行，就必须不间断地替换生产资料。而在市场经济的条件下，每个消费主体包括生活消费主体和生产消费主体都是通过商品流通来获得再生产所需要的物质要素。因此，商品流通具有保证消费对象源源不断地得到供应，进而保证社会再生产不间断进行的职能。

商品流通满足消费的职能还表现在它对消费的指导作用上。商品流通部门在向消费者提供消费对象的同时，还要传授消费对象的使用、维修和保养技术，使消费对象得到合理消费，以最大限度地提高消费对象的效率。不仅如此，对于生活资料流通部门来说，除了为消费者提供消费对象以外，还为消费者提供信息、文化、健康、娱乐等多种服务，以最大限度地增加消费者的福利。

第四节　商流、物流、信息流

商品流通是商品价值运动与商品使用价值运动的统一。不论是商品的价值运动还是商品的使用价值运动，都要以相应的信息运动为前提。从这个意义上讲，商品流通也就是商流、物流和信息流的统一。

一、商流

（一）商流的概念及其影响因素

商流是商品价值流通的简称，也就是指商品所有权的转移过程。具体的商流活动包括商品的购、销等交易活动。我们可以从微观和宏观两个方面来分析商流实现的影响因素。

从微观来看，商流过程表现为微观经济单位的商品购、销活动。在市场经济条件下，商品购进是微观经济单位取得生产资料或消费资料的唯一途径。从生产或消费过程来看，商品购进是微观经济单位的生产或消费准备，没有商品购进，就不会发生现实的生产或消费行为。因此，商品购进是微观经济单位生产或消费得以进行的前提。同样，商品销售是实现微观经济单位直接生产目的的唯一手段，没有商品销售或商品销售不再顺畅，就无法实现微观经济单位的直接生产目的，从而也就无法保证微观经济单位再生产过程的顺利进行。由此可见，作为商流具体内容的购销活动对微观经济单位生产经营活动具有决定性作用。任何一个微观经济单位都想以最低的成本、最快的速度完成商流过程。但是，在现实的经济生活中却存在着许多制约商流实现的因素。这些因素是：

第一，传统体制下形成的资金无偿供给的影响，以及改革中依然存在的财政信贷资金的软约束现象。特别是国有企业依赖国家投入的大量资金，不重视投入产出效益，忽视货币资金向生产资金的转化和持续的再转化功能。

第二，在企业货币资金投入中重固定资金而轻流动资金所造成的比例失调问题。片面追求机器设备、厂房等生产手段的投入和扩大，而轻视原材料、燃料等相应配套流动资金的投入。

第三，忽视商品价值实现的企业经营观念和经营体制的障碍。由于传统体制的影响，企业只管生产不管销售，缺乏市场竞争意识和压力，忽视了商品价值的实现，即商流过程。

第四，商流过程中的信息障碍，由于我国交通通讯设施较为落后，全国性、地区性和行业性的信息网络还没有形成，也没有建立社会性的信息传播、咨询和信息共享体制，因此，使企业在生产经营上信息流通不畅，产销之间缺乏及时、准确的信息沟通，进而影响商流过程的顺利进行，造成滞销、积压。

第五，流通渠道和价格障碍。随着经济体制改革的不断深化，企业对市场的依赖程度逐渐提高，企业产品销售渠道的开拓和维系也就成了企业顺利实现商品价值的重要制约因素。目前我国的市场机制很不健全，中间环节过多，流通渠道比较混乱，一方面使许多产品价格因流通环节增加而上涨，另一方面又使企业面对着纷繁无序的流通渠道而无所适从，甚至往往产生错误的销售导向和生产经营决策。这些问题就是企业在商流过程中遇到的销售渠道障碍。此外，在商流过程中还存在着的价格障碍，即企业缺乏必要的定价权和调价权，以及商品价格体系不合理等，也在一定程度上影响着商流过程。

显然，要保证商流过程的顺利实现，就必须通过经济体制改革，特别是企业经营体制的改革，逐步消除或减少制约商流实现的各种障碍。

从宏观上看，商流过程又表现为整个社会的商品购、销。因此，从宏观上看，商流过程能否顺利实现，不仅取决于个别企业的商品购、销能否顺利实现，而且还取决于全社会商品购销能否顺利实现。而全社会商品购销顺利实现的宏观经济环境是社会总需求和社会总供给的基本平衡。然而，在现实经济生活中，也有许多因素制约着社会总供给与社会总需求平衡的实现。这些因素是：

第一，产业结构的失衡。产业结构的失衡就意味着瓶颈产业的存在，从而直接影响国民经济产出能力的发挥，在其他条件不变的情况下，就会出现总供给与总需求的不平衡。

第二，投资规模的膨胀。在传统的社会主义国家，普遍存在"投资饥渴症"从而使投资规模持续膨胀，在其他条件不变的情况下，显然也会出现总供给与总需求的不平衡，其主要表现是短缺与积压的并存。

第三，通货膨胀。在纸币流通的条件下，过量的纸币发行成为现代经济运行中的通病。通货膨胀既是总供给与总需求失衡的结果，也是总供给与总需求失衡的原因。

第四，世界经济的波动。在开放经济体制下，一国的经济将直接成为世界经济的组成部分，因此，世界经济甚至个别国家的经济波动也会直接影响另一个国家的经济波动，进而通过国际贸易和资本输出、入而影响一国经济的总供给与总需求的平衡。

因此，只有采取一系列的宏观调控措施，消除或减少导致总供给与总需求失衡的各种宏观经济因素，才能创造出有利于全社会商流过程顺利实现的宏观经济环境，从而最大限度地保证全社会商流的顺利实现。

（二）商流形式

这里所说的商流形式主要是指商品购销方式。就商品购销方式而言，1979 年以前，我国实行的是工业品统购包销为主、农产品统购派购为主的购销方式。工业品的统购包销和农产品的统购派购是在改造私有制，市场商品供不应求，把高度集中作为社会主义计划经济理想模式的条件下产生的。这种购销方式曾经发挥了一定的作用。但是，这种购销方式使生产者完全同市场相隔绝，造成产需严重脱节，积压与脱销并存，产品更新换代慢，经济效益低下的弊端，因而妨碍了我国经济的发展。之所以产生这种结果，其原因就在于这种购销方式不符合商品流通客观规律的要求，是一种被扭曲的商品交换关系，因而既不利于生产，也不利于流通。

改革开放以后，我国对传统的商品购销方式进行了改革，在商品流通领域除少数关系国计民生的重要商品外，大多数商品已采取了选购、订购、议购、代购、代销、联营联销、自由购销等多种购销方式，因此工业自销比重有了很大增长。农产品实行合同订购、议购议销和完全的自由购销等购销方式。国营商业系统内长期实行的"三固定"的购销方式已经被打破，在平等自愿基础上形成的新型购销方式也正在出现。

二、物流

（一）物流的概念与种类

物流是商品使用价值或商品实体流通的简称，从社会生产总过程的角度来看，物流处于社会生产总过程的每一个阶段之中及其阶段之间，即物流存在于生产过程之中，也存在于流通过程和消费过程之中，同时还存在于生产过程到流通过程直至消费过程之间。因此，按照物流在社会再生产过程中所处的阶段不同，可以将物流划分为供应物流、生产物流、销售物流、回收物流和废弃物流。

供应物流是指企业生产所需的原料、材料、燃料、零部件等从其供应者手中转移到企业的物流过程。具体包括企业通过采购，将所需物资或商品经装卸搬运等作业环节运达企业，经验收合格后，进入企业的物资供应仓库；或由物资的生产者或供应者根据用户的要求，进行分类包装、装卸搬运等作业环节，运至需用企业，然后由需用企业接运，经验收合格后进入物资供应仓库。

生产物流是指企业物资供应仓库中的物资按需进入企业生产过程，经加工制作成半成品、成品，直到进入成品仓库的全部物流过程。具体包括根据企业生产进度来计划将供应仓库中的物资按要求进行分类、装卸搬运，向各车间配送；各车间之间的半成品流转直至成品入库。

销售物流是指企业向需用单位运销产成品的过程。具体包括企业根据用户的要求，将产品进行挑选、分类、包装，经装卸搬运和运输送达用户。

回收物流是指企业在供应、生产、销售过程中所有可以回收复用物品的物流过程。具体包括在供应物流过程中可重复利用的包装物等物的回收、复用，生产加工过程中所产生并有回收价值的边角余料的回收，各种报废的旧生产工具、设备以及失去部分使用价值的各种辅助材料和低值易耗品的收集、分类，经加工转化为新的生产要素的全部物流过程。

废弃物流是指在供应、生产、销售过程中所产生的废弃物的收集、处理和再生产的物流过程。

另外，也可以将物流划分为微观物流与宏观物流。微观物流是个别企业、个别单位的物流，如企业物流、车间物流、仓库物流、车站物流、港口物流等等。研究微观物流的目的是寻求局部范围内的物流合理化，以提高微观单位的物流效益。宏观物流是指全社会的物流或国民经济物流。研究宏观物流的目的是寻求全社会物流的合理化，降低全社会的物流成本，提高全社会的物流效益。

应该指出的是，物流中的"物"是指一切物质资料，即经过人类劳动加工的全部社会产品；物流中的"流"是指商品实体运动中的一切相关因素，主要包括包装、装卸搬运、储存保管、运输、配送、流通加工等等内容。物流概念的完整含义是所有商品的实体运动中的所有活动。因此，必须运用系统的观点来考察、研究物流。

（二）物流环节

运输。运输是物流过程的中心环节。商品运输时间是流通时间的一部分，在很大程度上决定着流通时间的长短。商品运输的作用是使商品实现空间位移，克服生产与消费的空间矛盾。运输过程要借助和消耗一定的人力和物力。运输过程虽然不创造有形的物质产品，也不会增加运输对象的数量，但是运输过程能够改变产品的空间位置，使生产和需要在空间上衔接起来。因此运输过程创造了商品的空间效用。正因为如此，运输活动才被看作是生产活动，是生产活动在流通领域的继续。

1. 仓储

仓储是商品在流通过程中的暂时停滞，目的是为了克服生产与消费的时间矛盾，创造商品的时间效用。产生仓储的原因主要有两个方面：一是商品离开一个生产过程和进入另一个生产过程存在时间上的不一致；二是等待进入运输过程的商品。凡待购、待售、暂时超过需求量的商品均由这两个基本原因引起。仓储需要一定的物质条件，首先要有存放商品的场所，即：仓库。既然仓储是由生产与需要之间在时间上的矛盾引起的，那么仓储就会反过来为缓冲这一矛盾，成为保证生产连续性所不可缺少的调节器。

2. 保管

商品进入仓储过程，要进行倒库、验收、堆垛、备料、托发和提运等许多业务操作，要借助一定的人力、物力和相应的基础设施。特别是为了使商品在停滞阶段处于完好的状态，不损坏、不变质、不散失，以便随时能够投入正常的使用，必须有一系列的业务管理活动，由此形成了商品的保管活动即保护性劳动。保管劳动同样不创造有形的商品，也不会增加保管对象的数量。但是，保管劳动保存了产品的使用价值，使处于仓储过程中的商品产生时间效用，因此，保管劳动也是生产性劳动。

3. 装卸

商品的运输与仓储过程都有装卸搬运作业，即商品的提起、放下、移动等等。商品的装卸作业要根据运输和仓储的需要来进行，受到后者的严格制约，具有很强的时间性。装卸的方式多种多样，取决于运输方式、仓储方式、产品特点和包装状况等等，基本分为人力装卸、半机械化装卸、机械化装卸和自动化装卸四种类型。

4. 包装

包装既是商品生产的终点，又是物流过程的起点。包装规格和方式要符合运输、仓储和装卸等环节的要求，要便于运输、装卸、安全可靠，便于保护在途商品，同时又不致使其费用过高。

除了以上物流环节外，物流还包括流通加工、配送等环节。流通加工是在物流过程中为使商品方便用户的使用而追加的加工改制的劳动过程；配送是将商品配套、齐备、及时送往用户单位的物流环节。

（三）物流合理化

物流合理化是指在一定的技术条件下，物流诸环节的合理化及其最佳配合以及与生产的最佳配合。前者是物流系统内部的合理化，后者是指物流与生产相互关系的合理化。

于物流系统内部的合理化是指以商品运输合理化为中心，实现其他环节的合理化以致物流全系统的合理化：具体包括运输合理化、仓储能力的合理配置、仓储功能的合理确定、仓储管理方式的科学化、装卸能力的合理配置，装卸方式的合理选择、包装材料及包装方式的合理选择等等。当然，这里所说的"合理"，都不存在固定的、一成不变的标准，需要根据物流的具体情况来确定。物流诸环节的情况是经常变动的，当其中某一环节的状况发生变化时，特别是当商品运输状况改变时，其他各环节的合理化标准也就随之发生变动。为了实现物流系统内部的合理化，需要从微观与宏观两个角度来寻求物流系统合理化的对策。

从微观方面来看，要实现企业物流合理化，一般要做好以下几项工作：第一，根据物流对象的物理特征、运输的难易程度等对企业的物流对象进行分类；第二，根据企业物流的特点确定物流活动区、物流路线，并制定物流活动一览表；第三，根据物流活动一览表制作企业物流现状图；第四，分析物流现状；第五，评价并确定合理的物流方案。

从宏观方面来看，要实现全社会物流的合理化，要做好以下几方面工作：第一，改革物流体制，提高物流的社会化与专业化水平；第二，合理规划与配置物流网点；第三，协调物流各环节的相互关系；第四，增加物流基础设施的投入，改善物流手段。

物流与生产相互关系的合理化是指物流与生产的相互协调、适应。物流过程不是孤立的经济行为，它是生产过程在流通领域的继续和延伸，它同生产和再生产有着密切的联系。从经济过程来看，生产与流通本身就是一体化的关系，二者相互影响，要求协调发展。随着商品流通规模的不断扩大，物流对商品生产的影响也不断扩大。因此，物流与生产的相互关系合理化是物流合理化的重要方面。具体包括物流的发展和生产的发展必须互相适应；物流的社会化、专业化和生产的社会化、专业化必须相互适应。如果不能保证这样一种协调发展的关系，不管物流系统内部的合理化程度再高，它的作用也将是有限的。

三、信息流

（一）信息流的概念与种类

信息流就是指伴随商流与物流过程而发生的信息运动或信息流通的简称。信息流是伴随商流与物流而产生的，不具有独立性，但它同样是客观存在的经济运动形式。若没有信息流，物流与商流便会停滞；信息系统紊乱，物流与商流便会发生严重障碍。因此，建立灵敏的信息系统，提高信息流通的速度与质量是提高商品流通效率的重要条件。商品流通中的信息流可以划分 为两类，一类是横向经营信息流，一类是纵向管理信息流。

横向经营信息流是指从微观经济单位之间的商品流通过程中直接产生出来的各种信息的运动，各个微观经济单位要进行商品流通，就要将各自的情况、要求提供给相关各方，即沟通信息。在商品流通过程中，微观经济单，位要进行交流的信息有：商品品种、规格、数量、性能、特点、运输方式、包装装卸方式、到货时间、到货次数、到货地点、发货方式、接收方式、成交方式、成交地点、价格水平、收费标准、结算和付款方式等等。这些信息与微观经济单位的商品流通活动直接相关，因此，也可称之为直接信息。除直接信息外，微观经济单位还需要进行其他间接信息的交流。例如，微观经济单位通过传媒向公众传播自己的有关信息，以便让公众了解自己，开拓自己的活动领域同时，每个微观经济单位也都需要了解他自己所需要的大量信息，如市场行情、购销动态、运输状况、生产状况等等。

纵向信息流是指基于宏观控制下，由下而上或由上而下的信息传递所形成的商品流通信息运动，可分为上行信息流和下行信息流。上行信息流的信息包括商品的运量和运力、商品的供给量和供给结构、商品需求量与需求结构、价格水平、费用水平、利润水平、商品周转速度、商品储备量及储备结沟、各企业、各部门、各地区的商品生产状况及发展趋势等。下行信息流的信息包括政府经济管理部门以各种方式逐渐下达到微观经济单位的各种经济情报、指令、指示、指标、计划、规定、措施、建议、政策等等。

（二）信息流通过程

信息流通过程是指对商品流通信息的收集、加工、存贮处理、传递的全过程。具体包括信息收集过程、信息传递过程和信息应用过程。

信息的收集是信息流通的起点。收集的信息是否真实、可靠、准确和及时，决定着信息时效的大小，因此，在收集信息时必须坚持以下原则：第一，要有针对性。即紧紧围绕商品流通的需要，有针对性地收集有关信息，避免收集的信息量过大，造成人力、物力和财力的浪费。第二，要有系统性和连续性、系统的、连续的信息是对一定时期经济活动变化的客观反映，它对预测未来经济发展具有很高的使用和研究价值，因此，在收集信息时，要注意系统性和连续性。第三，要有组织计划性。为了准确、系统、连续地收集信息，必须建立起专门的组织，并有一定的计划性，这样才能使信息收集工作有条不紊地进行。

信息传递是指信息从信息源发出，经过适当的媒介和信息通道传输给接收者的过程。信息传递最基本的要求是迅速、准确。信息传递的方式有许多种，第一，从信息传递方向看，有单向传递方式和双向传递两种方式，单向传递是指信息源只向信息接收者传递信息，而双向传递是指信息发出者与信息接收者共同参与信息传递，双方相互交流传递信息。第二，从信息传递层次来看，有直接传递方式和间接传递方式。两种传递方式的区别是信息源与信息接收者之间是直接传递还是经过中介组织或媒介间接传递。第三，从信息传递时空来看，有时间传递和空间传递方式。信息的时间传递方式是指信息的纵向传递。信息的空间传递方式是指信息在空间范围的广泛传递。第四，从信息传递媒介来看，有人工传递和非人工的媒体传递。

信息应用是指对收集、加工处理后的信息的使用，以实现信息使用价值与价值的过程。商品流通信息的应用过程，就是商品流通信息用于流通经营管理过程中，使信息间接创造出经济效益和社会效益的过程。信息只有通过应用过程，才能实现信息的增值，产生信息的放大效应，实现信息的使用价值。

（三）信息流通的合理化与现代化

目前，我国的商品流通信息系统主要存在两方面的问题。

一是商品信息流不够合理，二是信息传递技术落后，这两个问题是相互联系的，信息流不尽合理的原因之一是信息传递技术落后，而在信息流不尽合理的情况下是不便甚至无法采用先进的信息传递技术的。

信息流不尽合理的主要表现是信息不全、不准和不及时。信息流不合理的主要原因是纵向管理信息流与横向经营信息流的结构不合理，关系不协调。当然，这同传统的商品流通体制的单纯纵向性特征有关。信息传递技术落后的主要表现是信息的收集、加工、整理、传递仍然主要靠人力，单位时间内信息处理地和传递量大大低于客观存在的信息量和信息需要量。究其原因，一是我国原有的物质技术基础比较薄弱；二是长期以来不注重研究现代化大生产和商品流通系统中信息量的发展趋势，不重视信息的重要作用，导致信息传递技术长期落后于国内一般技术水平。

为改变商品流通信息系统的落后局面,必须实现信息流通系统的合理化和现代化。所谓合理化，就是在技术水平，定的条件下使商品信息流尽可能符合信息运动的客观要求。为此，要大力发展商品流通信息中心，以便调整商品信息流的横向、纵向之间的结构，增加信息的横向流量，简化信息流的纵向层次，增加信息的价值，提高信息的传递速度，消除传递中的信息失真现象。所谓现代化，就是指运用现代管理方法和技术手段，建立起符合现代化大生产信息运动要求的，具有强大功能的商品流通信息网络。为此，要大力进行商品流通信息领域的技术开发和技术改造，普及计算机信息处理技术和方法，建立计算机信息网络，使信息传递建立在现代化技术手段和物质基础上。

第五节　商品流通体制

一、商品流通体制的含义

（一）商品流通体制的定义

"体制"这个词语，对我们来说并不陌生，在日常生活中出现的频率是相当高的，例如，"政治体制"、"经济体制"、"管理体制"，等等。根据我们的理解，"体制"可以解释为制度的体系，即制度系统，因此，从本质上讲，"体制"就是制度。那么，制度又是什么呢？按照经济学家们的解释，制度就是一个社会的游戏规则，或者说是为了决定人们的相互关系而人为设定的一些制约。制度包括"正规的"和"非正规的"。所谓正规的，是指人类故意设定的制约，其典型代表是法律；所谓非正规的，是指自然形成的制约，其典型代表是习惯或习俗。可见，法律与习惯都是制度。

按此理解，商品流通体制也就是有关商品流通的制度体系，既包括商品流通的有关法律、规定，也包括商品流通的有关习惯。前者可称为"正规"的制约，后者可称为"非正规"的制约。作为"正规"的制约，主要包括一些有关商品流通运行与管理的法律、法规或政府的行政干预措施以及些许人为设定的商品流通的组织形式等；作为"非正规"的制约，主要包括历史形成的交易习惯、交易规则、交易方法等。因此，商品流通体制也可以解释为一个社会商品流通的组织形式与管理制度。

（二）商品流通体制与商品流通效率

从人类的经济史来看，经济体制对经济效率的影响是显而易见的。在自然经济的体制下，由于没有社会分工，没有专业化生产与协作，从而也就没有大量的普遍的商品交换行为，因此，经济效率是低下的。在传统的高度集权的计划经济体制下，尽管在个别时期、个别方面具有促进经济效率提高的因素，但是从总体上讲，这种体制也是缺乏经济效率的；在市场经济体制下，由于竞争与动力机制的作用，从而可以获得较高的经济效率。当然，经济效率的高低并没有绝对的标准，即使是现代的市场经济体制，我们也不能认为它是人类社会最有效率的经济体制，但是，有一点是肯定的，即市场经济体制是迄今为止最有效的经济体制。

作为经济体制组成部分的商品流通体制，同样也影响商品流通的效率，进而影响整个国民经济的运行效率，例如，在传统的计划经济时代，便是作为商品的生活资料，也不是按照真正意义上的商品流通方式，而往往是通过计划分配、限量供应、凭票供应等行政性手段来实现其从生产领域到消费领域的转移的。至于作为商品"外壳"的生产资料，更不是按照商品流通的原则与方法，而是按照计划分配、无偿调拨即"物资分配"等行政手段来实现其从生产领域到消费领域的转移的。历史证明，以计划分配为主要特征的"商品流通"（严格意义上讲，在计划经济体制下，是不存在商品流通的。）体制，虽然有利于维护"商品流通"的稳定性与计划性，但是由于流通主体缺乏自主、竞争与动力，从而极大地损失了商品流通效率。相反，以等价交换、自愿让渡为原则的商品流通体制，虽然使商品流通的稳定性与计划性较难维持，但是，从总体上讲还是有利于商品流通效率提高的。因此，不同的商品流通体制，会衍生不同的商品流通效率，商品流通体制对商品流通效率有直接的影响或作用。这就是我们研究商品流通体制的原因。

二、商品流通体制的内容

作为社会商品流通的组织形式与管理制度的商品流通体制，是一个复杂的系统，其内容是极其丰富的，至少包括以下内容：

（一）商品购销制度

商品购销制度不仅具有微观意义，而且也具有宏观意义。尤其在我国，从历史上就是通过一定的购销制度来调控社会商品流通活动的。从这个意义上讲，这里所说的购销制度实际上不仅是商品流通的实现方式，而且也是商品流通的一种调控方式。例如，通过实行国家订购，将社会一部分商品资源掌握在国家手里，从而有利于稳定市场，实现政府调节经济的目的。再比如，通过实行自由购销制度，可以促进流通主体充分发挥从事商品流通的积极性与主动性，从而有利于商品流通领域的竞争，促进商品流通效率的提高。

（二）商品流通业者的组织制度

商品流通业者也就是商品流通的经营者，即专门从事商品流通事业的个人或组织。在现代社会，商品流通业者是社会商品流通的主要组织者与参与者，因此，商品流通业者的组织制度方式将直接影响社会商品流通的实现。商品流通业者的组织制度，大体包括两个方面的内容：一是商品流通业者的所有制形式；一是商品流通业者的组织形式。就商品流通业者的所有制形式来说，主要有全民所有制或国家所有制、集体所有制、个体所有制、股份合作制等等；就商品流通业者的组织形式而言，主要有个人企业或个体经营者与公司企业，公司企业又包括有限责任公司与股份有限公司等。实践证明，商品流通业者的所有制形式与组织形式也直接影响社会商品流通的效率。

（三）商品流通方式

商品流通方式可以按不同的分类标准进行分类。例如，可分为"物物交换"的商品流通、不以商人为媒介的商品流通、以商人为媒介的商品流通；还可分为市场流通与非市场流通等等。商品流通的发展史表明，各种商品流通方式的形成，既有自然历史的原因，也有人为政策的原因。因此，在一定时期内，究竟以何种商品流通方式为主，不仅是一个自然历史过程，而且也是以一个人为选择过程。不仅如此，不同的商品流通方式及其组合还直接影响甚至决定社会商品流通的运行状态，因而它也是商品流通体制的重要方面。

（四）商品流通经营方式

商品流通经营方式包括两个层次的内容：一是商品交易形式，可分为现货交易、期货交易与信用交易等；一是商品流通企业的经营形式，可分为买断式经营即经销制、代理经营、连锁经营等。各种商品交易形式与经营形式及其组合，是商品流通体制的重要内容。

（五）商品价格制度

商品价格制度也是商品流通体制的重要内容。从总体上讲，商品价格制度可分为两大类，一类是市场价格制度，即由市场决定商品价格的制度，一类是计划价格制度，即由计划决定商品价格的制度。一般来说，价格制度不同，商品流通的实现方式也不同。如果是市场价格制度，那么，也就必然存在真正意义的商品流通；如果是计划价格制度，那么，也就必然存在实物分配式的"商品流通"；如果是计划价格与市场价格制度同时并存的"双轨制"，那么，也就只能存在"双轨式"的商品流通。可见，要想将实物分配式的"商品流通"或者将"双轨式"的商品流通改革成真正意义的商品流通，就必须对商品价格制度进行改革，即将计划价格制度改革成市场价格制度、"双轨制"改革成"一轨制"。从这个意义上讲，商品价格制度的改革，必然也是商品流通体制改革的重要内容。

（六）商品流通管理机构及其权限划分

商品流通管理机构，即社会商品流通的宏观管理部门或组织。商品流通管理机构的主要职能是从总体上对社会商品流通进行组织、计划、调节和控制。无论是实物分配式的计划流通还是以货币为媒介的商品流通，都需要商品流通的宏观管理，所不同的只是宏观管理的方式与效果不同而已。但是，要进行社会商品流通的宏观管理，就必须要拥有一定权力与责任的管理机构或组织。不仅如此，由于社会商品的流通宏观管理的内容与范围是非常复杂和多层次的，因此，在客观上就需要不同层次的管理机构，并具有不同的职责分工。唯有如此，才能实现商品流通的宏观管理。显然，管理机构的设置与权限划分也是商品流通体制的重要内容。

（七）商品流通管理内容与管理方式

各国的商品流通实践证明，如果要保证社会商品流通的正常运行，不仅需要一定的商品流通管理机构，并具有相应的职权与职责，而且还必须界定商品流通管理的内容，即界定什么应该管理及管理到什么程度？什么不应该管理及所允许的范围等等。唯有如此，才能进行有的放矢的商品流通宏观管理。不仅如此，为了使商品流通管理有效并节约管理成本，还必须考虑商品流通管理的方式。因为即使管理机构与管理内容已经明确，但如果所使用的管理手段不当也不会达到有效管理商品流通的目的。从管理方式来看，有直接管理与间接管理之分；经济手段、行政手段、法律手段之分；政府管理与行业自律之分。当然，管理对象与管理目的不同，管理方式也不同，因此，管理方式也是商品流通体制的重要内容。

三、商品流通体制的沿革

（一）生活资料流通体制的沿革

生活资料流通体制，在我国习惯上称之为"商业体制"。中华人民共和国成立以来，我国的商业体制虽历经变革与调整，但从总体上说，大致可分为两个发展阶段，即 1949 年至 1978 年计划体制的形成与巩固阶段和 1978 年以后计划体制的改革与市场体制的初步建立阶段。

1. 计划体制形成与巩固阶段的生活资料流通体制

新中国建立之初，国内市场上存在五种经济成份的生活资料流通组织，即国营商业、合作社商业、国家资本主义商业、个体商业和私营商业。1950 年，国营、集体批发额同私商批发额之比为 23.9 ：76.1，零售额之比为 3 ：17，国营、集体商业还不占主要地位。

1950 年 3 月，政务院先后发布了《关于统一国家财政经济工作的决定》和《关于统一全国国营贸易实施办法的决定》，从此逐步建立高度集权的生活资料流通体制，其主要内容是：（1）明确中央贸易部是全国国营贸易、合作社贸易和私营贸易的统一领导机构；（2）建立全国性专业公司，实行统一经营；（3）建立贸易金库制，由中国人民银行代理贸易金库，从而使全国商业资金在全国范围内实现了统收、统支和统一管理；（4）建立了商品调拨制度。

有了国家的大力支持，中华人民共和国成立以后国营商业和合作社商业得到了迅速发展。从 1950 年到 1952 年，国营商业机构和企业数就由 0.8 万个增加到 3.2 万个，从业人员从 23 万人增加到 57 万人；1952 年底国营、集体商业与私营商业的批发额之比就达 63.7 ∶ 36.3，零售额之比达 42.8 ∶ 57.2。关系国计民生的重要生活资料流通已由公有制商业所控制。

第一个五年计划时期，我国开始采取排挤代替私营商业的政策，用全行业公私合营和组织合作商店、合作小组的方式，对私营批发商、私营零售商和小商贩进行改造。到 1957 年公营商业的批发额占全部商品批发额的 99.9%，零售额则占 97.3%，私营商业基本上被排挤出流通领域。

从 1958 年到 1978 年，我国生活资料流通经历了逐渐强化计划性的发展过程，其商品流通体制特点是渠道单一、独家经营、管制得过死。到 1978 年，公营商业在社会商品零售总额中占 97.9%，个体商业和城乡集市贸易仅占 2.1%。在这 20 年中，我国对生活资料流通体制进行了四次调整，这些调整并没有对"一五"时期确立的计划流通体制进行实质性的改革，只是在集权与分权及条条与块块上做了一些变动，并形成了"一统就死，一死就叫，一叫就放，一放就乱，一乱就收"的恶性循环。

从 1958 年起，我国进行了以"放"为特色的生活资料流通体制的调整：（1）撤销专业公司，将其与同级商业行政部门合并，取消专业公司间条条关系，各级企业改由地方行政块块领导；（2）将原商业部、城市服务部、合作总社合并为商业部；（3）下放企业和管理权限，企业实行利润留成制度，商业利润中央与地方财政二、八分成；（4）农村商业政企合一；（5）商品分级管理；（6）合作社向国营商业升级过渡。

第一次调整之后，由于政企合一，使企业缺乏活力，又由于条条关系被打破，从而使流通领域一度出现混乱，地区封锁也相当严重。为此，1961 年 1 月我国开始对生活资料流通体制进行重新集中管理权力为特色的第二次调整。这次调整的内容主要包括：（1）恢复专业公司；（2）调整批发机构，按经济区域组织商品流通；（3）重新集中财务计划等管理权限；（4）恢复供销合作社及农村与城镇的集市贸易。

从 1968 年起，我国又开始进行新的生活资料流通体制调整，其主要内容包括：（1）精简机构，即从 1969 年 9 月商业部、粮食部、供销合作总社、中央工商行政管理局合署办公，1970 年，上述单位正式合并为商业部；（2）重新下放企业和管理权力；（3）

限制商业活动，促使合作商业向国营商业过渡。

从1975年起，我国又进行了第四次调整，其主要内容是：（1）逐步拆散"大商业部"，恢复商业部、粮食部、供销合作总社、工商行政管理总局四部结构；（2）收归管理权限。此次调整只是恢复了第二次体制调整时的一些作法，对生活资料流通继续采取计划管理。

2. 计划体制改革与市场体制初步建立阶段的生活资料流通体制

从1979年开始，我国进行了包括生活资料流通体制改革在内的一系列经济体制改革。从此，逐步形成了以国营商业为主导、多种经济形式、多种经营方式、多条流通渠道、少环节、开放式的生活资料流通新体制。

（1）改变了片面追求"一大二公"的政策，逐步落实了对老集体商业企业的政策，同时又大力发展了新集体商业。1978年至1989年，供销合作社以外的集体商业从业人员从199.6万人增加到688.9万人；经营网点从62.3万个，增加到101.1万个；零售额从115.3亿元增加到1429.8亿元。

（2）采取了鼓励个体商业发展的政策。1979年，个体零售商业、饮食业、服务业的机构和人员分别占全国同类机构和人员的14.3%和3.78%；1989年这两个比例分别达到83，6%和50.39%。1979年个体商业的零售总额只有4.3亿元，1989年则达到1509.6亿元。为开拓农副产品市场，国家由此逐步放宽了对城乡集市贸易的限制，并放开了私营商业企业的发展。

（3）恢复了供销合作社为农民群众集体所有制性质的商业组织。从1982年起，供销合作社由官办转为民办，逐步实行自主经营、自负盈亏，在农村生活资料流通中发挥了重要作用。

（4）打破了生活资料流通的单一渠道。1979年以前，我国绝大部分生活资料流通是在固定供应地域、固定供应对象、固定倒扣差价率的情况下，通过国营批发一、二、三级站层层分配，最后由零售商店销售的。从1979年7月起，国家逐步取消了国营商业企业按批发层次供货的限制，实行跨地区、跨部门和跨行业就近供货，按经济区域组织生活使资料流通。

（5）调整了批发机构。1979年商业部提出，同一城市按照行政层次设置的几套批发机构要坚决撤并，为实现商品的合理流通创造条件。1984年国家重申将批发站与批发公司合并，以发挥中心城市的经济功能。1987年，商业部提出，批发体系由国营批发公司、产品联销一体化式工商联营批发公司、贸易中心、批发市场、商社集团、股份制批发商、代理商等多种形式组成。

（6）逐步缩减了直接计划管理范围。1980年，商业部把全部计划管理商品划分为部管计划商品和专业会议平衡商品两类，后者的计划是参考性的。1984 年对部管商品分别实行指令性计划和指导性计划两种形式，其余商品实行市场调节。1978 年，工业品生活资料部管计划商品 130 种，1984 年减少到 26 种，1985 年又减少到 14 种。农副产品 1978 年部管计划商品为 58 种，1983 年减少到 21 种，1986 年减少到 9 种。

（7）改革了购销体制。从 1979 年起，国家逐步改革了统购、派购、包销的生活资料购销形式。1985 年，国家正式宣布取消粮、棉、油等重要农副产品的统购、派购，除个别品种外，不再向农民下达统购任务，而是转向采取合同定购和市场收购的形式。随着统购、派购的逐步取消，城乡集市贸易和农产品批发市场日渐兴旺。在工业品方面，1981 年国家正式提出取消单一统购包销制，分别采取统购统销、计划收购、订购和选购四种购销形式。

从 1982 年起，国营商业开始为工业代批发、代零售，并发展与工业企业的联营联销。从 1984 年起，国营商业和供销社逐渐大力发展贸易中心和批发市场，工业品的购销形式进一步完善。

（8）改革了企业经营体制。从 1979 年至 1984 年，商业企业改革的重点是扩大企业自主权，实质性落实的自主权包括购销业务权和部分利润分配权与奖励权。从 1984 年开始，企业改革向深层次发展，逐步涉及到企业的所有制，即小型国营商业实行了改、转、租、卖，大中型国营商业企业，从 1983 年开始普遍实行了承包制，到 1989 年国营大中型商业企业实行承包制的已达 93%。

（二）生产资料流通体制的沿革

同生活资料流通体制一样，中华人民共和国成立以来，我国的生产资料流通体制虽历经调整与改革，但从总体上看，也大致经过了两个发展阶段，即计划分配体制的形成与完善阶段和计划分配体制的改革阶段。

1. 计划分配体制形成与完善阶段的生产资料流通体制

我国的生产资料计划分配体制，始建于 1950 年国家对煤炭、钢材、木材、水泥、纯碱、杂铜、机床、麻袋 8 种物资实行的在各大区间进行的计划调拨制度。从 1953 年起，又实行了对重要物资进行分类分级管理制度，其内容是根据各种物资在国民经济中的重要程度和产需特点，将其分为：（1）国家统一分配物资，简称"统配物资"，由国家计委编制物资平衡计划和物资分配计划，报国务院批准后执行；（2）中央各主管部门统一分配物资，简称"部管物资"，多为专业性较强的物资或中间产品，其平衡计划与分配计划由主管部门编制，并报国家计委备案后执行；（3）地方管理物资，亦称"地管物资"或"三类物资"，这类物资除少数品种由地方计划部门和物资部门平衡分配外，主要通过商业渠道由企业自销。国家对物资的集中控制，主要体现为对前两类物资的计划管理。对这两类物资计划管理的基本程序是：根据物资供求状况编制物资平衡计划——编制物资分配计划——组织订货，衔接产需。

生产资料计划分配体制的另一个重要方面就是生产资料的计划价格体制。绝大部分生产资料价格都由政府代表的中央及地方各级物价部门以具有法律权威的计划形式确定；计划价格制度还规定了经销企业的进销差价率，计划价格的调整需要经过繁琐的程序和较长的周期。在改革前的 20 多年里，随着经济形势的变化和行政组织机构的调整，生产资料流通体制也经历了不断的演变，但高度集权式的生产资料流通体制的基本框架一直没有发生根本性的变革。这一体制的基本特征是：

（1）政府的宏观决策包揽了一切

如前所述，在传统的生产资料流通体制下，生产资料的计划分配分为国家统一分配、中央主管部门分配和地方政府主管部门分配，与此相适应，生产资料也分为三类，即"统配物资"、"部管物资"与"地管物资"，许多重要物资都纳入计划分配的范围，例如，从 1950 年至 1982 年，统配与部管物资品种数由 8 种增加到 837 种，其中，有两年出现负增长，即 1959 年由 1957 年的 532 种减少到 285 种和 1972 年由 1965 年的 592 种减少到 217 种。但是，这两次的减少，经过一段时期后，又得到了进一步的增加。

这种物资分配方式使生产企业特别是全民所有制企业处于行政机构的附属物的地位，被牢牢地"焊"在行政机构上，没有自主决策的权力。生产企业要听命于各级行政机构的安排，对所需要的物资要向主管部包括物资行政管理部门及工业行政管理部门申请，按行政渠道获取分配指标；生产出的产品由主管部门组织调拨。在这种情况下，本应作为经济细胞运行的生产企业，事实上已经成为执行上级决策的"执行机关"。政府的宏观决策通过纵向隶属关系延伸到企业内部，对生产企业的投入和产出实行包揽一切的行政干预。

（2）以计划调拨和计划供应的方式组织物资供销

生产资料对生产者来说是产品，对需用者来说是生产要素。宏观决策通过纵向关系实行生产资料的直接配置，实质上对企业再生产的两极，即购置生产要素、出售生产成果都进行了限定，剩下的事就是通过企业之间按计划组织调拨或通过物资行政管理部门按计划组织供应来实现这种既定的配置格局了。这时，作为交换主体的生产企业，其任何决策权力都已被宏观决策中的生产资料分配所代替，企业之间谁与谁交换、交换多少、怎样交换、以什么价格交换都是既定的，并且是在主管部门的组织和监督下进行的。

（3）物资部门只是宏观决策的参与者和执行机构

在传统的生产资料流通体制下，物资部门的职能是参与生产资料配置的宏观决策，并且可以通过自己的行政机构组织计划调拨或计划供应去执行、实现宏观决策，因此，物资部门行政机构中的各级组织并非经济实体，它拥有的资金无论怎样周转也不具有盈利性质，"以收抵支，收支平衡"就是它运动的基本原则。传统体制中的各级物资部门只是行政管理机关，不具有企业的性质。政企分开对物资部门来说，是体制改革过程中管理职能转变，生产资料实行商业化经营以后才出现的新问题。

（4）调节机制采取超经济手段

由于传统体制排斥了企业决策，实质上也基本上排斥了中观经济决策，因此，它的调节机制是单一化的，即单纯行政命令或单纯指令性的；是纵向的，即自上而下的；是单纯实物性的，即基本着眼点和落脚点是单纯的使用价值指标；因而是超经济的或至少在主观上、在执行中是超经济的，即排斥市场机制的作用。在生产资料的计划分配过程中，虽然也使用了价格手段，但是这种价格是僵化的，既不反映价值，也不反映供求关系，因此，这种价格不仅没有任何调节意义，而且也很少起到准确核算作用。

2. 计划分配体制改革阶段的生产资料流通体制

1979 以来，我国的生产资料流通体制发生了一系列变革，归纳起来主要有以下几个方面：

（1）以城市为中心组织生产资料流通。这是 1979 年以来生产资料流通体制变革的开端，其基本内容是实行由城市物资供应机构统一组织对当地生产企业的生产资料供应。例如，对市属企业采取"统一供应、两级设库、指标到局、实物到厂"办法，减少企业主管局的二次中转储运和供应环节；对中央和省属企业实行划转分配指标，由所在城市的物资部门负责订货，组织实物供应；以城市为中心合理调整实物流向，通过划转计划分配指标的办法，打破行政区划，就地就近组织供应；开展物资协作，对多余积压物资进行协作转换，在城市之间建立调度调剂网；在城市设立中心供应站，对一些品种规格繁多又有条件放开的物资实行敞开供应。

（2）扩大生产企业的物资购销自主权

1979 年开始在 8 个企业进行扩大企业自主权试点，规定企业在完成国家计划、供货合同的前提下，可在流通部门优先选购后，按国家价格自销部分产品" 980 年国务院规定企业有权销售超产产品和自己组织原材料生产的产品；1984 年规定企业除可以自销超计划生产的产品外，对计划内钢材可以自销 2%，且自销产品的价格可在国家定价的 20% 幅度内自行浮动；1988 年颁布了《中华人民共和国全民所有制工业企业法》，从法律上确认了企业有自主选购物资和自销产品的权利。从此，生产企业拥有了自主购销物资的权利，进而成为生产资料流通的重要主体。

（3）收缩指令性计划分配物资的范围与数量

为了进一步扩大企业产品自销权和生产资料自由购销的范围，国家逐年减少了指令性计划分配物资的品种与数量。其主要步骤是：1985 年对冶金、煤炭部门分别实行了"递增包干"办法，从而减少了按计划上交统配钢材、煤炭的比例；1986 年南方集体林区生产木材全部放开；1987 年减少地方钢材、铝、烧碱的上调量，并拿出部分统配钢材投放市场；1988 年将国家计划管理的物资品种由 523 种大幅度减少到 72 种，同时实行国家合同订购的为 93 种，国家组织产需衔接的 209 种，其余 149 种全部放开。至 1993 年，我国指令性计划分配物资的品种只剩下 11 种，沿海地区及地市以下的生产建设单位所需生产资料的 90%，重点企业所需生产资料的 75% 都可以通过市场采购。

（4）逐步调整、放开生产资料价格

自 1984 年开始，国家对煤炭、木材、生铁等初级产品的价格作了一系列调整。同时，在钢材、有色金属等计划物资的订货中，针对某些品种之间比价不合理，规定价格可上下浮动 10%。1985 年 1 月取消了 1984 年对企业自销工业生产资料价格可浮动 20% 的限制。至此，我国生产资料价格体系中形成了计划内外双轨价格并存的基本格局。价格双轨制虽然有助于实现价格水平和价格结构相对平稳的调整，以及由僵化的计划价格体制向相对自由的市场价格体制的逐渐过渡，但是，价格双轨制也为寻租行为提供了便利条件，进而诱发了流通领域发生腐败行为的发生，造成大量国民收益的流失。随着生产资料流通体制改革的不断深化，企业经营机制的不断完善，生产资料供应日益丰富，计划价格与市场价格的价差逐渐缩小，从而为生产资料价格的并轨创造了条件。1992 年以来，国家开始制定生产资料价格并轨政策与措施，到目前为止除个别品种外，大部分生产资料价格已基本实现并轨。

（5）转换企业经营机制

在传统体制下，专业生产资料流通企业即物资企业基本上是国家及部门物资分配计划的执行机关。生产资料流通体制的改革从以下几个方面促进了物资企业向商品经营者的转变：第一，计划分配物资的逐年减少，迫使物资企业从市场自行组织资源。全国物资系统内企业自由购销的物资占其物资经营总量的比重，已由 1981 年的 20% 上升到 1992 年的 90%。第二，"流通利润"在理论上的合法化，以及国家对物资企业进销差价控制的逐渐放宽，增强了物资企业的动力机制。第三，改革初期的企业扩权以及自 1986 年起在物资企业实行的以承包制为主的多种形式的经营责任制促进了企业经营机制的转变。

（6）各类有形生产资料市场的建设

有形生产资料市场的建设是生产资料流通体制改革的重要方面。具体包括两方面的内容，一是物资贸易中心的建设，一是各类专业市场的建设。

物资贸易中心起源于 1979 年各地陆续开办的生产资料商场。从 1984 年开始，全国各地开始大规模建立物资贸易中心，到 1991 年末，全国物贸中心已发展到 400 余个。我国物资贸易中心的主要特点是：第一，具有现代化的交易和服务设施大楼，因而兼有房地产或饭店经营的性质；第二，物资企业是主要兴办者、所有者及经营者；第三，各地、各行业生产厂家可进驻中心设摊经销；第四，经营品种广泛；第五，物资交易中心的骨干企业往往以流通企业为主而开展多种经营，以及加强与生产、金融部门的联合。有的物资贸易中心正在向综合商社式的企业集团发展。

除物资贸易中心以外，各类专业市场也开始建设。1986 年，国务院决定在天津、沈阳等 7 个城市试办钢材市场，至 1991 年，钢材专业市场已发展至近 300 个。近两年，为适应市场经济的发展，专业市场建设又迈向了更高的层次，相继建立了一批国家级的生产资料市场和期货交易所。如，上海金属交易所、北方木材批发市场、郑州建材交易市场、秦皇岛煤炭交易市场、天津北洋钢材市场等等。有形生产资料市场的建设加快了生产资料流通的市场化进程，从而进一步促进了统一、开放、多层次的生产资料市场体系的形成。

（7）物资企业经营方式的多样化

随着生产资料计划分配体制的逐渐废除与物资企业经营机制的转换，物资企业的经营方式也呈现出多样化的趋势。具体包括：第一，广泛开展横向经济联合、物资企业与工业企业通过联供联销、参股经营、物资协作、联合开发等形式建立了相对稳定的资源基地和销售基地，密切了产销关系；第二，物资企业普遍开展代购、代销、代加工、代储运、租赁、信托服务、配套承包供应及物资配送服务等等；第三，通过投资、参股等方式向生产、科技、服务等多种领域融合，开展多种经营；第四，积极开展期货交易和拍卖交易；第五，在汽车、钢材经营中进行了代理制试点。

（三）外贸体制的沿革

同内贸（国内生活资料流通与生产资料流通）体制一样，我国外贸体制的沿革，也可以划分为两个阶段，即计划经济体制下的外贸体制与传统体制改革时期的外贸体制。

1. 传统体制下的外贸体制

建国初期，我国在没收帝国主义、官僚资本主义的进出口企业基础上，建立了国营对外贸易企业，并实行对外贸易的国家统制。这一时期，我国采取了内外贸易统一管理的体制，在中央贸易部内设对外贸易公司，主管全国的对外贸易。当时，对外贸易公司下设两个按贸易区域划分的公司。一个是主管苏联东欧社会主义国家贸易的"中国进口公司"，其贸易额占中国进出口额的 80% 以上。另一个是主管对资本主义国家贸易的"中国进出口公司"。1952年，内外贸易管理机构分设，单独成立了对外贸易部，统一管理全国的对外贸易。1953年，对原来的中国进口公司和中国进出口公司进行改组，按照经营商品实行分工，分别成立了15个外贸专业进出口总公司。总公司对外贸易部领导，各口岸和内地的分公司则由有关的总公司和当地外贸局双重领导。1956年对私人外贸企业进行了社会主义改造，全国的进出口业务集中都由各外贸专业公司经营，其他部门和单位都不能经营对外贸易，从而形成了由外贸部统一领导，统一管理，外贸专业公司统一经营的外贸体制。

1958年，在下放国民经济管理权限的过程中，我国的对外贸易体制也进行了调整，外贸经营管理权限下放到各地区或各部门，结果导致了各地区、各部门争市场、争客户、抬价收购和削价竞销的混乱现象。针对这一情况，1958年8月，中央明确规定，对外贸易必须统一对外，绝不允许发生分散混乱状况，重新加强了对进出口贸易的统一管理，规定除了经过中央批准可以进行的边境小额贸易的地区外，其他各地区、各部门均不得进行对外贸易。经过这次调整，在对外贸易活动中，外贸部实行了统一管理、统一成交和统一价格，高度集中的外贸经营管理体制也得到了加强。

60年代是我国对外贸易发展最艰难的时代，一方面我国同西方国家的关系没有得到改善，另一方面60年代初中苏关系破裂使我国同苏联、东欧国家的对外贸易活动也受到了严重损害。实际上，60年代，我国在国际上几乎陷于孤立无援的状态。到60年代末，在经济管理体制调整和管理权限下放的过程中，各省的外贸机构被撤并和裁减，外贸体制极不健全，进出口总额不断下降。

进入70年代，我国外交工作取得了一系列重大进展。国际关系的改善，为我国对外贸易的发展创造了非常有利的条件，进出口贸易开始逐渐好转，从1974年起，国家就着手研究和改革外贸体制。但是，从总体上讲，高度集中的外贸体制并没有发生实质性变革。到1978年，我国外贸业务仍由15个外贸专业总公司负责统一经营。在出口方面，各外贸专业总公司或分公司根据外贸部下达的出口收购计划，同有关供货部门的生产单位签订购销合同，然后，按出口计划统一对外成交，并签订出口合同；在进口方面，各外贸专业总公司或分公司根据计委下达的进口计划，统一对外洽谈并签订进口合同，有关部门或企业可以参加技术性的谈判，但不能直接对外签订进口合同。

2. 改革时期的外贸体制

1978年以来，针对传统外贸体制高度集中统一、产销脱节、内外脱节和政企不分等弊端进行了多方面的改革，其主要内容如下：

1984生以前，外贸体制改革基本上处于试点阶段，改革的主要内容是：（1）调整了对外经济贸易的管理机构。1982年3月，撤销原国家进出口管理委员会、对外贸易部、对外经济联络部和国家外资管理委员会，组建对外经济贸易部，统一领导和管理我国的对外经济贸易工作。（2）扩大地方经营权，对出口商品实行分级管理，分类经营。（3）外贸专业进出口公司对部分产品由收购制改为代理制，并在国外主要市场设立贸易公司或常驻代表机构。

1985年起，外贸体制进入了全面改革的阶段，改革的主要内容是：（1）政企分开，加强对外贸易行政管理，经贸部和省、自治区、直辖市的经贸厅专司对外贸易的行政管理，对外贸实行统一领导和归口管理。（2）简政放权，外贸专业公司和地方外贸公司从行政部门独立出来，逐渐实行独立核算、自负盈亏，向专业化和社会化方向发展，各类外贸企业实行利改税，独立经营。（3）实行进出口代理制，改进外贸经营管理。进口经营原则上全部实行代理制，内外价格挂钩，由用户自负盈亏；出口经营，工矿产品基本上采用代理制，农副产品和一些手工艺品仍由外贸公司收购。（4）改革外贸计划体制，简化计划内容。

1988年起，我国外贸体制改革进一步展开，改革的主要内容是：（1）全面推行对外贸易承包经营责任制，由各省、市、自治区以及直接承担出口任务的对外贸易总公司和工贸总公司，分别向国家承包出口创汇指标。（2）中央在各地的外贸、工贸进出口分支公司、地县外贸公司以及外贸自属生产企业，下放给地方管理，并与各外贸、工贸进出口总公司在财务上脱钩，与地方财政挂钩。（3）按照少数商品统一经营和多数商品分散经营的原则，将进出口商品分成三类，分级管理，分类经营。（4）下放外贸管理权限，授与沿海各省、市、自治区的对外经贸部门批准成立本地区外贸企业及批准有条件的企业或企业集团经营进出口业务、在海外建设企业或分支机构或在国外举办洽谈会、展销会的权力。（5）支持具备条件的大型企业或企业集团直接对外经营。（6）全面推行代理制，尤其是推行出口代理制。（7）允许地方、部门和企业按照国家的有关规定来自主使用各自的留成外汇。经过上述改革，传统的外贸体制有较大的改变，形成了各级外贸和工贸公司、国营大中型企业和企业集团、乡镇企业、"三资"企业多渠道经营的局面。

1991年开始，推行了取消出口补贴、实行企业全面自负盈亏经营机制为核心的外贸新体制，改革的原则是：统一政策，平等竞争，自负盈亏，工贸结合，实行代理制。

通过外贸体制的改革，初步改变了对外贸易完全由国营外贸公司垄断经营、内外贸分离的局面，在保持国营外贸专业公司经营的同时，逐步拓宽了地方、工业部门和生产企业从事进出口业务的渠道，使国内市场和国际市场的联系和沟通有所加强，外贸组织形式和管理方式将会更加灵活有效。

四、商品流通体制改革

（一）商品流通体制改革的原则

经过十几年的改革开放，我国的商品流通体制已经彻底改变了封闭、单一、僵化的状况，基本形成了多条流通渠道、多种经济成份、多种经营方式并存的流通格局；商品市场体系初步形成，市场价格已占主导地位，宏观调控手段日益完善，对外开放不断扩大，流通组织创新也取得了阶段性成果等。但是，从总体上讲，我国的商品流通体制仍存在"条块"关系不协调、流通企业经营机制不完善、市场体系与商品流通的宏观调控手段不健全等问题。因此，为了建立与社会主义市场经济体制相适应的商品流通体制，必须对商品流通体制进行深层次的改革。深化商品流通体制改革的基本原则是：

1.必须与我国经济体制改革的总体目标相适应

党的"十四大"明确指出，我国经济体制改革的目标是建立社会主义市场经济体制。这一目标的确立，为深化商品流通体制改革指明了方向。商品流通体制是社会经济体制的重要组成部分，进行商品流通体制改革，必须与经济体制改革的总体目标相适应，符合社会主义市场经济的客观要求。市场经济是主要以市场为资源配置手段的经济运行方式，它是规范化、制度化的现代经济制度。其主要特点是：第一，自由公平的竞争；第二，通过市场形成价格；第三，政府间接干预；第四，企业优胜劣汰。显然，适应市场经济要求的商品流通体制，必须体现市场经济体制的上述特点。

2.必须与商品流通产业的发展相适应

商品流通体制改革的根本目的是为了解放与发展流通生产力。发展是改革的出发点和归宿点，改革是发展的途径。因此，在商品流通体制改革中，要始终把改革与发展统一起来、结合起来，做到在改革中求发展，为发展而改革。在实践中，有两种倾向需要加以克服。一种倾向是离开发展搞改革，单纯为改革而改革。其具体表现是，在选择改革措施时，没有首先考虑到对流通产业的发展是否有利，对整个经济的发展是否有利，对生活质量的提高是否有利，而片面求新立异，使改革流于形式。另一种倾向是离开改革谈发展。其主要表现是，不是从深化改革中求发展，而是寄希望于政府的优惠政策甚至通过限制别人来发展自己。理论与实践证明，上述两种倾向既不利于流通体制改革的深化，又不利于流通产业的发展，因此，必须加以克服。

3.必须遵循商品流通规律的要求

商品流通规律包括自然规律与经济规律。商品流通的自然规律是由商品使用价值的不同特点所决定的。商品本身特有的物理化学性能、在消费中的不同地位与作用等，都会对商品流通方式及商品流通的组织形态起决定性作用。因此，商品流通体制改革的深化首先要遵循商品流通自然规律的要求。不仅如此，商品流通又是一种经济活动，商品的等价交换、自愿让渡等等都是商品流通过程中的经济规律。因此，在进行商品流通体制改革时还必须遵循商品流通经济规律的要求。

4. 必须有利于促进社会生产的发展及适应社会消费的需要。社会分工越发展，生产越是社会化、专业化，企业间通过交换进行的协作关系就愈加复杂

随着生产和消费在时间、空间等方面矛盾的扩大，城乡、地区、部门之间通过商品流通领域进行的经济联系也日益扩大和频繁，因而，商品流通就成为社会化大生产发展的重要条件。在社会化大生产的条件下，商品流通既承担着社会再生产过程的先驱者职能（提供生产条件、提供经济信息、引导生产方向），又承担着实现者功能（实现产品的价值与使用价值）。因此，进行商品流通体制改革要有利于促进社会再生产的发展。此外，随着经济的发展、居民生活水平的提高，消费需求也日趋多样化、多层次化与高级化。消费者不仅要求高质量的商品和高效率的服务，而且对购物场所与购物时间的便利、购物环境的舒适等要求也越来越高。消费需求的变化，必然要求商品流通组织与营销方式进行转变，从而也必然要求商品流通体制进行变革。

5. 必须解放思想，转变观念

思想与观念的转变是行为变革的先导。因此，深化商品流通体制改革还必须解放思想，转变观念。

第一，克服"重生产，轻流通"的观念，树立"大市场、大贸易、大流通"的战略思想。如前所述，在传统经济体制下，我国不存在真正意义的商品流通，生产物从生产领域向消费领域的转移是通过计划分配来实现的，产品的计划分配只是维持社会再生产的辅助条件，处于被动的和从属的地位。不仅如此，承担产品计划分配的机关又有明确的分工，相互分割，从而使整个社会的产品流通被人为地分割成若干个不能相互沟通与协调的"小流通"。这种错误的流通思想必然创造出低效率的商品流通体制，从而严重阻碍了国民经济的高速与高效率运行。因此，要深化商品流通体制的改革，建立高效率的商品流通体制，必须树立"生产决定流通，流通也决定生产"及社会化大流通的观念。

第二，摒弃片面强调"主导论"的思想，承认各类商品流通主体的平等竞争地位。我国的国有商品流通企业，是从传统体制下的行政性分配机关这一母体衍化出来的。因此，国有流通企业是商品流通的"主渠道"，并代替政府承担相当一部分的调控与管理社会商品流通的职能，是有其历史背景的。当然，在现在甚至将来的一定时期内，国有流通企业在商品流通中的"主渠道地位"或"主导地位"仍然是客观存在的。但是，

要建立与市场经济体制相适应的商品流通体制，就必须摒弃片面强调国有流通企业"主导论"的思想，维持、保护各类商品流通主体的平等竞争。

（二）商品流通体制改革的目标

为了与市场经济体制这一总体目标相适应，我国商品流通体制改革的目标应该是建立国家宏观调控下的市场化流通体制。也就是说，要把商品流通领域的资源配置、产需衔接、供求平衡和收入分配等建立在市场化运行的基础上。在这种市场化流通体制中，生产企业与流通企业必须是市场流通主体，市场必须是调节资源配置、供求平衡、产需衔接和收入分配关系的基础，宏观调控必须与市场化经济运行的客观要求相适应。商品流通体制改革的目标主要体现在以下三个方面：

1. 微观经济行为的市场化

生产企业与流通企业在拥有独立的资产权益和收支预算的约束下，商品生产与销售决策受市场化的比较经济利益原则的驱动，企业的购销价格、劳动工资、贷款利率和成本、利润水平都在一元化的市场竞争中形成。其中，国有企业的生存和发展，同样取决于它自身的经营能力和经营效率。国有企业能否起到骨干作用、占有多大的市场份额，不再依赖于政府的保护政策和特殊的优惠待遇，也不再承担额外的负担，一切都取决于它的竞争力。唯有如此，才能令人信服地显示出公有制的优越性和主导地位。

2. 商品市场呈开放、统一、有序和高效状态

既对外开放，与国际市场接轨，也对内开放形成无行政边界、行业壁垒，各具区域特色，资源按比较利益原则高效配置的统一市场。这种商品市场具有统一的市场规则、统一的市场调控政策和统一的市场价格参数，从而具有高度的有序性、组织性和竞争性。各类商品根据产需特点和供求状况，由企业之间自主选择批发与零售、期货与现货、经销与代理、产销分离与产销合一等交易方式，形成多层次的、满足多种购销需要的交换关系。在这种情况下，各类企业将在市场竞争中自行组合成多种形式、分工不同的现代企业集团、商品流通网络和商品流通产业组织。商品价格是一元化的、动态的、不断促成和趋近供求均衡的统一市场价格，各种商品价格维持市场化的动态比价关系，而且同资金利率、劳动工资和企业成本与利润等市场参数建立相互制约的反馈回路和联动机制。此外，这种市场以物流、商流和信息流的现代化设施为物质基础，具有与现代大生产相适应的流通功能。

3. 国家调控与市场化运行相适应

国家调控主体多元化，由政府部门（包括行业管理机构）、立法司法部门和直接对全国人民代表大会负责的中央银行、国有资产管理机构各司其职，互相监督，运用

财政政策、货币政策、产业政策、资源开发利用政策和收入分配政策以及各种经济法规，共同维护商品流通的运行秩序和公平竞争的市场环境。其中，政府作为国家调控的一个主体，主要通过制定经济政策、运用经济手段来调节商品流通的运行；作为国有资产的代表，主要通过自主经营、具有竞争实力的国有企业的有效经营来调整商品流通的运行。同时，通过政府订货、建立战略与市场储备等手段来达到调整产业结构、保证重点建设、平衡供求关系、稳定市场价格的目的。

五、深化商品流通体制改革的主要措施

（一）建立现代企业制度，塑造商品流通主体

商品流通是由商品流通主体推动的，因此，没有规范的商品流通主体，也就不会有规范的商品流通运行。在市场经济条件下，规范的商品流通主体必须是独立的产权主体、独立的利益主体和独立的责任主体。而我国现实的商品流通企业，特别是国有流通企业还不是真正独立的产权主体、责任主体与利益主体，因而还不是规范的商品流通主体。因此，只有对商品流通企业进行改组、改造，按照"产权清晰、权责明确、政企分开、管理科学"的要求建立现代企业制度，才能塑造出规范的商品流通主体，进而为社会商品流通的正常运行创造主体条件。

（二）加强商品流通市场体系的建设

商品流通运行除了要有规范的商品流通主体以外，还要有统一、开放、竞争、有序的商品流通市场体系。为此，应该做到：第一，要继续采取鼓励、扶持的政策，发展全国、区域和地方三个层次的现货批发市场。重点在主要产区、销区的城市建立大中型生产资料批发市场与农副产品批发市场，尤其是鲜活农副产品批发市场；第二，继续推动期货市场的试点，使期货市场通过规范化、法制化的建设，能够健康稳妥地发展；第三，大力推动市场网络化的建设，促进全国市场信息、交易、储运的网络化，使整个市场的社会效益更好地发挥出来；第四，要加强市场配套设施的建设，在商品的主要集散中心、交通枢纽、港口码头等地建立一批现代化的物流设施，进一步提高市场商流、物流、信息流的能力；第五，积极发展市场中介组织，如行业自律机构、公证机构、信息服务机构、监督检查机构等等。

（三）提高商品流通企业的组织化程度

为了保证商品流通运行的稳定、高效，提高流通企业的组织化程度是十分必要的。

为此，应通过发展流通企业集团、推行连锁经营、组建综合商社等形式来优化企业组织结构，提高流通企业的规模经营能力。流通企业集团，应该按两种模式发展：一是以资产为纽带的控股式集团，即紧密型集团，其成员公司在经营上要保持高度的统一；二是联谊会形式的松散型集团，其成员公司是独立经营的，只在必要的时候通过联谊会或经理会的方式对某些问题进行协调和统一。连锁经营是社会化大生产理论、规模经济理论在流通领域的体现，它是提高商品流通经营规模与经营效率的有效形式。因此，应该在总结经验的基础上，制定与完善有关连锁经营的政策与法规，促进连锁经营的健康发展。综合商社是实现大流通、大贸易和规模经营的重要组织形式。因此，应该在充分研究国外综合商社成功经验的基础上，制定与完善相应的政策措施，促进我国综合商社的发展。

（四）建立、健全商品流通的宏观调控体系

商品流通宏观调控体系的重要内容之一是重要商品储备制度。应按照不同的调控目标，将储备分为战略储备与市场调节储备。除继续完善战略储备外，重点要建立市场调节储备，并由流通主管部门管理，用以平抑物价、稳定市场。商品流通宏观调控体系的另一个重要内容，是建立由流通主管部门掌握使用的市场风险调节基金制度。除中央的商品储备与市场风险基金制度外，还要建立地方的商品储备与风险基金制度，用以稳定地方的商品流通。此外，还要按市场经济的办法，进一步深化商品购销制度的改革，通过计划收购、国家订货、合同订货和进出口贸易等多种形式，使国家掌握足够数量的、用以调控市场的商品资源。当然，建立全国性的市场信息监测网络、商品价格的监控制度，也是商品流通宏观调控体系的重要内容。

（五）完善商品流通的法律、法规体系

建立统一、开放、竞争、有序的商品流通体制，必须建立与之相适应的法律法规体系。第一，建立健全流通领域的法人实体与市场主体的法律，进一步完善各类主体的自律机制与约束机构；第二，加快制定规范市场主体行为的法律的步伐，如《商品交易法》等，使整个市场的交易行为更加规范化、制度化；第三，建立并完善确保流通秩序、强化宏观调控的法律，用法律的形式实施国家流通宏观调控措施，保证措施及时到位，真正发展调控作用；第四，建立有效的执法机构，使流通领域既有完备的法律法规，又能切实做到执法必严，违法必究。

（六）改革商品流通行政管理体系

今后我国要根据政企分开和精简、统一、高效的原则，按照大市场、大流通、大

贸易的要求，不断精简行政机构，打破行业界限，逐步建立中央、地方两级综合性的专职管理部门，实现内贸与外贸、城市与农村、生活资料流通与生产资料流通的统一管理，并根据中国国情与国际惯例，调整、完善和发展我国的商品流通政策体系。同时，建立健全全国多层次的行业管理组织，加强对社会商品流通的监督、管理、协调、服务，全面提高我国流通行政管理的现代化水平。

第六节　商品流通管理机构

一、国内商品流通管理机构

（一）国内商品流通管理机构的变革

国内商品流通管理机构是指我国政府设置的专门从事商品流通宏观管理的部门或组织。

自中华人民共和国成立以来，我国商品流通管理机构历经变革。经济恢复时期，中央人民政府设立了贸易部，各大行政区的军政委员会也设立了贸易部与之对应。各省、市、自治区设立了商业厅（局），各专区、县设立了商业科或工商科，从而形成了全国商品流通行政管理系统。从 1950 年至 1951 年，中央贸易部相继建立了十五个专业总公司，各大区、省、专区、市、县设立了分支公司。由总公司和当地政府双重领导，形成了从上到下的商品流通经营系统。

为了适应大规模经济建设的需要了"一五"期间，经过几次调整，我国商品流通管理机构主要由商业部、对外贸易部、粮食部、城市服务部、水产部、物资局和全国供销合作总社组成。

1958 年至 1976 年，我国商品流通管理机构发生了多次大的变化 1958 年 2 月，将商业部改为第一商业部，将城市服务部改为第二商业部，并与供销合作社合署办公。当年 9 月，又将第一、第二商业部和全国供销合作总社合并为商业部，但保留了供销合作总社的名义。1960 年国家经委成立了物资管理总局，1962 年商业部又与供销合作总社分开，并成立了国家物资总局，商业部负责全部日用工业品和一部分工业生产资料、主要副食品的流通及城市商业机构的管理；供销合作总社负责农副产品流通、农村市场及农村商业机构的管理；国家物资总局脱离经委成为国务院的一个直属机构，负责生产资料流通管理；对外贸易部负责进出口贸易的经营管理。1970 年 6 月，原商业部、粮食部、全国供销合作总社和中央工商行政管理局合并成商业部，撤销国家物资总局，成立国家计委物资局。1974年，在国家计委物资局的基础上，成立了国家物资总局，再次成为国务院直属机构，并由计委代管。1976年以后，先后恢复了工商行政管理总局、粮食部、供销合作总社、水产总局和医药总局，分别管理本行业的商品流通。1982年初，根据国务院的部署，商业部、粮食部、全国供销合作总社合并，组建了新的商业部，将商业、粮食、供销等专业局调整为专业公司，行使经营与管理双重职能。1988年国务院批准了商业部机构改革方案，确定商业部负责全社会生活资料流通的管理。同时调整了原有的物资管理机构，组建了国家物资部，将原有的各工业部门的物资供销机构划归物资部，由物资部负责全社会的生产资料流通管理。

1992年商业部与物资部合并，成立了国内贸易部，负责国内商品流通管理。这时的国内贸易部主要由四大板块即商业、粮食、物资和供销组成。但是，1995年供销合作社又从国内贸易部独立出来，成立了全国供销合作总社，与国内贸易部并列，成为新的"部级"机构。因此，从目前来看，我国的商品流通管理机构主要由三个"部级"部门组成，即国内贸易部、全国供销合作总社和对外经济贸易合作部。其具体分工是：国内贸易部负责生活资料、生产资料的国内流通管理；全国供销合作总社负责农产品收购及生活资料及农业生产资料的国内（农村）流通管理；对外经济贸易合作部负责进出口贸易及对外经济合作的宏观管理。

（二）国内商品流通管理机构的职能

国内商品流通管理机构必须适应社会主义市场经济的基本要求，完成三个转变。首先，由原来的直接管理为主转变为间接管理为主，即政府主管部门采用经济手段，通过市场机制去引导企业，使企业的行为和政府的宏观目标相一致。其次，由原来的微观管理为主转变为宏观管理为主，即政府行政部门的主要职能是宏观调控，重点搞好总量平衡、制定弹性的指导性计划，而不是直接干预流通企业的具体经营活动，要让企业拥有经营管理的自主权。最后，由原来的搞项目审批、分钱分物转变为规划、协调、监督和服务上来，即加强政府对企业的服务功能，搞好社会商品流通的发展规划，制定商品流通的法律政策，协调商品流通的各方面关系，为企业创造良好的商品流通环境。因此，按照市场经济体制的基本要求，国内商品流通机构的主要职能应该是：

1.研究制定商品流通方针、政策和商品流通体制改革方案，制定商品流通产业的发展战略，合理安排商品流通布局，优化商品流通结构。

2.培养和发展商品市场，统筹规划商品市场体系，指导流通企业发展对外贸易，参与研究进出口税则，协同有关部门制定商品流通法规。

3.编制重要商品的供需平衡计划，搞好重要商品的储备和对重要商品进行有效调控，组织市场预测，及时发布市场信息。

4.组织重要商品的订货以及原材料配套供应和设备管理,负责国家重要流通设施、固定资产投资项目的初审,组织评估、监督检查直属企业国有资产的保值增值。

5.负责商品流通过程中的商品质量、标准的管理和监督,保护消费者合法权益,指导、协调流通领域的科技开发工作,制定行业教育的政策、规章、计划,组织人才培养活动,提高流通领域职工队伍的整体素质。

二、世界贸易组织

（一）世界贸易组织的前身——关税与贸易总协定

关税与贸易总协定是 1947 年 10 月 30 日由 23 个国家在日内瓦签署的关于关税减让的多边贸易协议。自总协定生效起至 1984 年,已有 119 个国家和地区参加。它是一项调整各缔约国之间在国际贸易政策方面的相互权利与义务、确定某些共同遵守的关税与贸易准则、推行多边贸易和贸易自由化的带有总括性的多边条约。

关税与贸易总协定虽不是一个组织,但事实上却在总协定的基础上形成了一个国际组织。它在日内瓦设有常设秘书处,每年举行缔约国大会。它已成为各缔约国处理贸易事务的法律体制、贸易谈判和运用法律体制的场所和调和与解决贸易争议的机构。总协定奉行如下基本原则:

1.无岐视待遇原则。即在缔约国之间不存在差别和岐视待遇,一国给予第三国的贸易优惠,必须自动给予所有缔约方,任何一方不得给予另一方特别贸易优惠或岐视。

2.关税保护和减让原则。总协定规定,缔约国如需要对国内工业进行保护,主要应通过关税手段而不得采取其它措施。任何一方都不能随意提高关税,而应逐步降低关税。

3.取消数量限制原则。对缔约国的任何一种进出口商品,除关税、国内税及其它规定的费用外,一律不得以配额、进出口许可证或其它措施的方式限制其数量,即取消进出口配额制。

4.透明度原则。缔约国要如实向其它成员国按期提供本国的经济和工农业生产发展情况的资料及本国的贸易政策与法规,但机密资料除外。

5.互惠原则。这是指两国之间的贸易减让要有给有取,互惠互利。

6.协商原则。协商、调解和解决贸易争端是总协定的另一根本原则。缔约国均应自觉接受"商务法典"的约束,必须根据"总协定争端解决程序"解决贸易纠纷。

（二）世界贸易组织的产生

关税与贸易总协定在近半个世纪的历程中，对维护世界多边贸易关系，协调世界经济关系，促进国际贸易的增长和发展起到了重要的作用。然而，自20世纪80年代中期，国际经济贸易体系发生了重大转变。具体包括：第一，贸易区域集团化趋势不断增强，经济一体化迅速发展；第二，跨国公司对世界商品的结构、流向和价格起着支配的作用；第三，服务贸易、技术贸易和国际间投资的兴起；第四，关贸总协定成员国数目的激增，目前已有119个国家；第五，一些缔约国加强了总协定之外的贸易谈判活动；第六，新的贸易保护主义盛行。国际经济贸易中所发生的这些变化使得现行的关贸总协定体制受到挑战。关贸总协定"乌拉圭回合"长达7年的多边贸易谈判达成的40多项协议已突破了总协定传统的货物贸易范围，扩展到服务贸易、技术贸易、知识产权保护及投资和环境等各个领域。关贸总协定无论从组织结构还是从协调功能上都显示出先天不足，有必要在总协定基础上创立一个正式的国际贸易组织。

1990年初，意大利首先提出建立世界贸易组织的倡议，同年7月，欧共体把这一倡议以12个成员国的名义正式提出。1990年12月乌拉圭回合布鲁塞尔部长会议正式决定，责成体制职能小组负责"多边贸易组织协议"的谈判。该小组经过一年的谈判，于1991年12月形成一份"关于建立多边贸易组织协议"草案。后经两年的修改、完善和磋商，于1993年11月形成了目前的"多边贸易组织协议"（后易名为世界贸易组织）。世界贸易组织协议于1994年4月15日在摩洛哥马拉喀什部长会议上获得通过，并被宣布于1995年1月1日正式生效运转。

（三）世界贸易组织的主要内容、基本宗旨和原则

世界贸易组织协议由本身案文16条和4个附件组成。案文本身并未涉及规范和管理多边贸易关系的实质性原则，只就世界贸易组织的结构、决策过程、成员资格、接受、加入和生效等程序性问题作了原则规定。而有关协调多边贸易关系和解决贸易争端等实质规定均体现在4个附件中。附件1包括13个多边货物贸易协议、服务贸易总协定和知识产权保护协议；附件2包括争端解决规则与程序谅解；附件3包括贸易政策审议机制；附件4包括4个多边贸易协议。

世界贸易组织的基本宗旨是：通过建立一个开放、完整、健全、持久的多边贸易体制，来促进世界货物贸易和服务贸易的发展，有效合理地利用世界资源来改善生活质量、扩大就业、确保实际收入和有效需求的稳定增长，积极努力地确保发展中国家，尤其是最不发达国家在国际贸易成长中的份额要与其经济发展需要相对称。

实现这一基本宗旨的原则是：多边主义、最惠国待遇、国民待遇、无岐视、对发展中国家特殊与差别待遇、市场准入和透明度、通知与审议义务等等。

（四）世界贸易组织的组织机构和作用

1. 组织机构

（1）部长会议。由成员国代表组成，每两年至少召开一次，是世界贸易组织的最高决策机构。

（2）总理事会。总理事会由所有成员方的代表组成，定期召开会议。总理事会在部长会议期间，承担其职能。总理事会下设货物贸易理事会、服务贸易理事会、知识产权理事会和贸易与发展、国际收支、行政预算三个委员会。

（3）秘书处。秘书处是世界贸易组织的日常办事机构，由部长会议任命总干事一名。总干事的权力、职责、服务条件和任期等由部长会议通过规则确定。在履行职务中，总干事及秘书处工作人员均不得寻求和接受政府或世界贸易组织以外的组织的指示。

2. 世界贸易组织的作用

（1）促进"乌拉圭回合"各协议的执行、实施与管理；

（2）为成员国有关贸易协议的谈判和未来有关新议题等多边谈判提供场所；

（3）协调解决货物贸易、服务贸易和知识产权领域及其相互之间的贸易纠纷与争端；

（4）负责审议各成员国的贸易制度和与贸易有关的国内经济政策；

（5）组织编写年度世界贸易报告，举办世界经济与贸易研讨会，向发展中国家提供必要的技术援助；

（6）为达到全球经济政策的一致性，以恰当的方式与国际货币基金组织及世界银行及其附属机构进行合作。

第七节　商品流通管理的内容

一、商品流通秩序

（一）商品流通秩序的含义及其对商品流通运行的影响

"秩序"，原意是指"人或事物的位置，也含整齐而守规则之意"。这里所说的"商品流通秩序"也就是指商品流通的"整齐而守规则"。大家知道，商品流通是商品由生产领域向消费领域的社会经济性运动，而商品的这种运动是由人或组织来推动的。流通的商品也就是商品流通客体，推动商品流通的人或组织就是商品流通主体。因此，商品流通秩序也就包括商品流通主体秩序和商品流通客体秩序两个方面。商品流通主体秩序是指商品流通主体的"整齐而守规则"，即商品流通主体的资格与行为是符合商品流通客观要求的。商品流通客体秩序是指商品流通客体的"整齐而守规则"，即商品流通客体的范围、质量标准及其交易规则是符合商品流通客观要求的。

按照商品流通的客观要求，作为商品流通主体的组织或个人必须是独立的产权主体、独立的利益主体和独立的责任主体。否则，就丧失了进行理性流通行为的基础。然而，即使一个组织或个人具备了上述资格，也并不能保证他的流通行为必然是理性的。因为即使商品流通主体具备了理性行为的制度基础，但是由于他的故意过失，从而也会现实地发生各种非理性的流通行为。因此，商品流通主体的资格是否符合商品流通的客观要求，只是商品流通秩序有无或好坏的必要条件。除此之外，商品流通主体的现实行为也是决定商品流通主体秩序有无或好坏的重要因素。

同样，作为商品流通客体的商品或服务也必须有明确的范围、一定的质量标准及相应的交易制度或习惯等。所谓明确的范围，是指何种物品或服务可以作为商品进行生产和流通。何种物品或服务不能作为商品进行生产和流通，即产品的市场或商品化的范围，必须在法律或制度上做出明确的界定；所谓一定的质量标准，是指法律或制度允许作为商品生产和流通的产品或服务必须达到一定的质量标准，否则不能进入流通和消费领域；所谓交易制度或习惯，是指自然形成或人为设计的有关契约、结算、交割等制度或习惯。显然，如果商品流通客体没有明确的范围，没有一定的质量标准，或者没有一定的交易制度或习惯，那么，也不会有良好的商品流通秩序，从而也就没有正常的商品流通运行。由此可见，无论是商品流通主体秩序，还是商品流通客体秩序，都直接影响并决定商品流通的正常运行。

（二）当前我国商品流通秩序混乱的主要表现

在新旧体制的转换时期，我国的商品流通领域出现了种种混乱现象，在一定程度上影响了社会商品流通的运行速度与质量，从而影响了社会经济效益和阻碍了国民福利的提高。商品流通秩序的混乱主要体现在以下几个方面：

1.非正规的流通主体大量涌现，从而造成了流通的混乱。如党政机关和国家公职人员或公开或隐蔽地参与市场活动，成为非正规的流通主体；如政企不分，大量行政性公司介入市场，这些公司大都掌握着某些商品物资的分配权，既行使计划指标分配和行业管理的职权，又搞业务经营，融官、商于一体，打着公司、集团的牌子，在市场上牟取利润；还有一些非正规的流通主体或个人套借甚至虚构企业名称从事经营，严重扰乱了正常的流通秩序。

2. 经营范围不确定，无限制。流通主体大都采用超短期经营战略，经营对象大都以价格高低、利润大小为转移，集中于紧俏商品和热门行业。流通主体随意改变或扩大经营范围，给市场造成了极大的冲击。不仅导致了市场供求状况的混乱和失衡，而且对工农业生产产生了不良影响。

3. 经营方式畸形化。许多流通主体不顾自身条件和社会条件，热衷于搞批发和大宗转卖，热衷于搞"一体化"式的行政垄断的封锁。结果导致市场上形成了"区际贸易困难"、"大战大乱"频繁、"商品大旅游，价格滚雪球"的局面。

4. 不正当、不平等的非价格竞争盛行。有些经营者为了弄到紧俏商品，为了拉拢顾客，采取给回扣、请客送礼、行贿等不正常手段；有些经营者欺行新市、囤积居奇、强买强卖、封锁市场；有的经营者以中介供应紧俏商品为名，签订假合同，骗取定金；有的经营者刊登虚假广告，坑害消费者；有的经营者假冒商标，出售伪劣商品，等等。

5. 商品流通客体范围界定不清楚，许多本属于"私人物品"范畴的，仍由政府供给。而许多应该由政府供给的"公共物品"却市场化了，从而导致流通秩序的混乱。

6. 对许多商品流通客体的质量监督不严，致使许多不合格商品进入流通领域，从而破坏了商品流通秩序，侵害了消费者的权益。

（三）商品流通秩序的维持

在市场经济条件下，商品流通管理的重要内容就是维持商品流通的秩序，从而为商品流通主体创造一个公平竞争的市场环境。为此，应做好以下几项工作：

1. 深化流通体制改革，理顺产权关系，塑造真正意义的商品流通主体或市场主体。商品流通秩序混乱的一个重要原因就是商品流通主体资格不完善，进而导致商品流通主体行为的不规范。因此，只有通过深化流通体制改革，建立现代企业制度，才能真正规范商品流通主体的资格。而只有商品流通主体的资格规范，才能为商品流通主体的行为规范创造制度基础。

2. 建立统一开放的商品流通市场体系。市场是商品流通运行的前提条件，没有健全的市场体系，就没有顺畅有序的商品流通运行。健全的市场体系应具有统一性和开放性，即只要商品达到一定的质量标准，不论其来自哪一个地区、哪一个企业都有权进入市场，买者和卖者也不受条块和所有制的限制，真正做到货畅其流。

3. 理顺价格关系，推进价格改革。合理的价格机制是商品流通顺利进行的重要条件，价格失控或差比价关系不合理是导致流通秩序混乱的重要原因。因此，要加快价格体制改革的步伐，建立起一套科学合理的价格体系，使价格真正成为调节供求和配置资源的信号。

4.加强立法，健全交易规则。如前所述，我国商品流通秩序混乱的一个重要原因就是交易规则的不健全，以及缺乏对现有交易规则的遵守与维护。为此，在进一步完善交易规则的基础上，应加强执法与监督的力度，以维护商品流通秩序。

5.转变政府职能，优化政府行为。应该看到，我国商品流通秩序混乱，既表现在民间流通主体行为的不规范，也表现在政，府行为的不规范。为此，转变政府职能，优化政府行为也是维护商品流通秩序的重要手段。

6.加强社会监督。社会监督主要包括消费者监督、舆论监督和行业监督。要完善社会监督制度，实行职能部门监督与企业自我监督、主管部门监督与社会监督、舆论监督与群众监督相结合，建立多层次的监督体系，以确保商品流通规范、有序。

二、商品流通成本

这里所说的商品流通成本，不是指个别企业的商品流通成本而是指全社会的商品流通的总成本。因此，站在全社会的角度，分析商品流通总成本的影响因素，从而降低商品流通总成本，也是具有宏观意义的。大家知道，虽然每个企业都想致力于自身商品流通费用的降低，然而每个企业降低商品流通费用努力地迭加并不等于全社会商品流通费用的降低。况且，有些商品流通费用的降低，仅靠企业的努力也是无济于事的。比如，运输速度过慢，致使商品在途时间延长，增大损耗。这不是个别企业能解决的，它涉及到国家运输布局的调整，运输体制的改革甚至涉及到整个运输事业的发展。我们正是从这个意义上说，控制社会商品流通的成本具有宏观意义。

从宏观的角度来看，影响商品流通总成本的因素主要有两大方面：一方面是制度因素；一方面是技术因素。就制度因素而言，影响社会商品流通总成本的因素主要有商品流通体制。例如，我们曾经采取计划调拨和地区平衡等制度来实现生产物从生产领域向消费领域的转移。这种制度会在以下两个方面加大商品流通成本：第一，地区封锁、条块分割，这会带来迂回运输、相向运输和倒流运输等问题，从而延长商品流通时间，增大运输成本、装卸成本和利息支出等等；第二，容易产生此地积压、彼地脱销等现象，这又在两方面增大了商品流通成本，一方面造成保管成本增加，另一方面造成采购成本增大，为了购买急需的商品，采购员就要满天飞。当我们采取相对自由的商品流通制度实现社会商品从生产领域向消费领域的转移时，上述两个方面的成本支出可以得到相应控制，但又在其它方面增大了商品流通成本。比如，在相对开放的商品流通体制下，许多地方又产生了就地转手、坐收渔利的"中间环节"这些"中间环节"的过度增加,商品价格层层加码,一涨再涨。不仅如此,由于"中间环节"的增多又使商品实体流通,即物流成本增大。可以说,这是在新体制下产生的一种新的影响商品流通成本的因素。显然,流通体制影响商品流通成本的大小,不同的流通体制会产生不同的影响商品流通成本的因素。这就要求我们通过改革、设计流通体制来谋求社会商品流通总成本的降低。反过来说,我们在改革、设计商品流通体制时也必须考虑商品流通的成本因素。

就技术因素而言,影响商品流通成本的因素主要有运输、包装、装卸、保管,以及商品流通的设施和工具的技术水平和利用效率等等。我们知道,商品的实体流通是包括运输、包装、装卸、保管等的系统。要降低商品的实体流通成本,就不能仅仅谋求其中某一个系统要素的成本降低,而要从总成本的角度来制定运输方案、包装方案及其他物流方案。当然,这是一个微观问题。但是,从宏观上要促使企业尽早地认识到这个问题,并改革有关的制度,使企业能够实施合理的物流方案。不仅如此,商品流通的管理者还可以通过提供有关的物流信息、培训物流人才、推广介绍先进的物流技术来实现物流的合理化,谋求商品流通总成本的降低。

此外,运输能力的提高也主要是一个宏观问题。国家一方面要大力发展交通运输事业,一方面要在既定的运输技术水平下有效安排和使用运力。显然,这不仅仅是商品流通部门的事,还要配合运输部门共同制定商品流通发展战略和具体措施,将运输成本降低到最低程度。同样,在包装、装卸和保管等方面也要广泛推行有关的先进技术,科学合理地使用现有的流通工具和设施。

三、商品流通效益

(一)商品流通效益的含义

经济效益是指在一定时期内人们所取得的经济成果同为此而耗费和占用的劳动的数量对比关系。它反映了经济活动对经济活动目的的实现程度。由此可见,经济效益只存在于所得与所费的对比关系中,离开了对比而孤立地看所得或所费都无法构成经济效益的完整含义。

商品流通效益就是指在一定时期内商品流通过程中的所得与所费的数量对比关系。这里的所得,主要包括两方面的内容:一是指完成的商品流通额;二是指实现的商品流通利润(收入)。这里的所费则是指商品流通过程中所耗费和占用的各种劳动。因此,商品流通效益的大小取决于两个基本因素:一是所得,二是所费。一般说来,在耗费和占用的劳动量不变的情况下,商品流通额或实现的纯收入越大,则商品流通效益越高;

反之，则越低。在商品流通额或实现的纯收入不变的情况下，商品流通过程中耗费和占用的劳动量越小，则商品流通效益越高；反之，则越低。

商品流通效益大致可分为两个层次：第一层次是商品流通微观效益；第二层次是商品流通宏观效益。商品流通的微观效益是指企业的商品流通效益，即一定时期内企业在商品流通过程中的所得与所费的数量对比关系。由于企业可分为生产企业和流通企业，因此，商品流通的微观效益也就可以分为生产企业的商品流通效益和流通企业的商品流通效益。商品流通的宏观效益是指在一定时期内全社会在商品流通过程中的所得与所费的数量对比关系。从全社会来看，不论是生产企业的商品流通还是流通企业的商品流通都要耗费和占用劳动，同时也会取得一定的成果。这样，在全社会范围内也会存在商品流通的总所得与总耗费的数量对比关系，即商品流通的宏观效益。

（二）商品流通效益的评价

为了进行商品流通的效益管理，必须对商品流通效益进行科学而准确的评价。为此，应建立一套定量与定性相结合、科学与实用相结合、微观与宏观相结合、短期与长期相结合的评价指标。

1.商品流通微观效益的评价指标

①商品流通劳动效率。商品流通劳动效率是指企业在一定时期内实现的商品销售额或利润额与商品流通劳动人数的比值。商品流通劳动效率的高低不仅可以反映企业劳动生产率的高低，而且还可以反映出企业的人员素质、工作态度和勤奋程度的高低。因此，商品流通劳动效率也是考核商品流通劳动者为企业作出贡献大小的指标。同时，也是确定商品流通劳动报酬的主要依据。一般来说，商品流通劳动效率越高，则商品流通效益也就越高。

②商品流通费用率。商品流通费用率是指企业在一定时期内组织商品流通所支出的费用与实现的商品销售额的比率。这个指标反映了商品流通过程中人力、财力和物力的消耗程度。一般来说，商品流通费用率越低，则商品流通过程中的劳动耗费就越少，商品流通效益也就越高。

③商品流通资金周转率。商品流通资金周转率是指一定时期内商品销售额与商品流通资金平均占用额之比。它用一定时期商品流通资金周转次数或周转一次所需的天数来表示。在一定时期内商品流通资金周转的次数越多或周转一次所需要的时间越少，则商品流通资金周转越快，商品流通效益也就越高。

④商品流通固定资产完好率。商品流通固定资产完好率是指一定时期内商品流通固定资产完好数与同期商品流通固定资产总数的比率。应该说明的是，这里所说的"完

好"是指没有达到按技术规程要求应该维修、报废而可以正常使用的状态。而"完好数"与"总数"既可以是实物量（如台数），也可以是价值量。这个指标可以反映企业在商品流通过程中对固定的资产维护、保养的水平。显然，完好率越高，实现商品流通的能力越强，在其他条件不变的情况下，商品流通效益也就越高。

⑤商品流通固定资产投资率。商品流通固定资产投资率是指在一定时期内商品流通固定资产投资额与同期实现利润额的比率。这个指标反映了商品流通固定资产更新、提高的速度，从而反映企业商品流通技术进步的速度。一般说来，投资率越高，则意味着企业商品流通技术进步的速度越快，商品流通劳动效率越高，从而商品流通效益也就越高。

⑥商品流通资金利润率。这个指标主要适用于流通企业。它是指一定时期内流通企业实现的利润总额与商品流通资金占用额的比率。它反映了每百元商品流通资金能提供的利润，它是评价流通企业经济效益的一个主要指标。这是因为商品流通资金利润率能够把劳动耗费、劳动占用和经营成果融为一体，既能从劳动耗费方面，又能从资金占用方面来反映商品流通企业经营活动的有效程度。

2. 商品流通宏观效益的评价指标

①社会商品产销率。社会商品产销率是指在一定时期内社会商品销售量与社会商品生产量的比率。社会商品产销率越是趋近于1，则说明生产与消费越是统一，从而表明商品流通职能发挥得越充分，即商品流通宏观效益越高。当然，在实际使用这个指标时，可以分别计算不同商品的产销率，以反映某种商品的产销结合的程度，从而检验和评价该种商品的商品流通宏观效益的高低。

②社会商品储备率。社会商品储备率是指在一定时期内社会商品储备总额与社会商品销售量或生产量的比率。社会商品储备率越高，说明未被使用的商品资源越多，成为现实使用价值的越少，从而意味着商品流通宏观效益越低。不仅如此，社会商品储备率越高，还表明商品流通速度越慢，商品流通资金占用越多，商品流通费用越高，从而表明商品流通的宏观效益也就越低。同样，在实际使用这个指标时，也可以分别计算不同商品的社会储备率，以反映不同商品的商品流通宏观效益的高低。

③订货合同兑现率。订货合同兑现率是指在一定时期内商品订货合同实际完成总额或总量与同期签订的商品订货合同总额或总量的比率。商品订货合同兑现率不仅反映了各个企业在商品流通过程中的履约情况，而且还反映了国家经济计划的完成程度。一般来说，商品订货合同兑现率越高，不仅表明企业之间的信用水平越高，而且也表明国家经济计划的实现程度越高，从而表明商品流通宏观效益也越高。

④社会商品流通费用率。社会商品流通费用率是指在一定时期内商品流通费用总额与全社会同期实现的商品销售额的比率。显然，社会商品流通费用率越高，商品流

通宏观效益越低；反之，则越高。为了更具体地反映某一行业、某一商品社会商品流通费用水平，也可以分别计算某一行业、某一商品社会商品流通费用率，从而可以从某一个侧面反映出商品流通宏观效益的高低。

⑤社会流动资金周转率。社会流动资金周转率是指在一定时期内社会流动资金的周转次数或社会流动资金完成一次周转所需要的时间。一般来说，社会流动资金周转次数越多或社会流动资金周转一次所需要的时间越短，则社会商品流通速度越快，商品流通宏观效益也就越高。

（三）提高商品流通效益的途径

提高商品流通效益是商品流通活动的中心任务。市场经济体制的建立，为提高商品流通效益提供了有利条件。

从宏观上看，提高商品流通效益的途径主要有：

第一，深化流通体制改革，建立现代企业制度，使企业的商品的流通行为更加科学和规范。在市场经济条件下，企业是商品流通的基本单位，商品流通效益的高低首先取决于企业商品流通行为是否科学和规范。而要使企业的商品流通行为科学和规范，必须使企业成为独立的产权主体、独立的利益主体和独立的责任主体。唯有如此，才能使企业在动力机制和约束机制的共同作用下从事商品流通活动，从而保证其流通行为的科学、规范，进而提高商品流通的效益。然而，要想使企业成为独立的产权主体、独立的利益主体和独立的责任主体，就必须深化流通体制改革，建立现代企业制度。

第二，要制定出适合国民经济发展需要的商品流通发展规划和战略。商品流通是社会再生产过程的中间环节，商品流通能否顺利进行，直接决定整个社会再生产过程能否顺利进行。如果商品流通盲目发展、供求失衡，就会导致社会资源的浪费，从而影响商品流通效益的提高；如果商品流通发展不足，不适应其他产业发展的速度，也会制约其他产业的发展，从而也会影响商品流通效益的提高。因此，通过制定适合国民经济发展的商品流通发展规划和战略，既可以避免商品流通的盲目发展，也可以避免商品流通发展的不足，从而保证了商品流通产业发展的速度、规模、结构，与其他产业发展的速度、规模、结构相适应，提高商品流通效益。

第三，要合理布局生产力，大力发展交通运输和仓储事业。我们知道，商品在运输和仓储过程中，既要耗费和占用一定的社会劳动，还可能发生商品损耗。因此，通过发展交通运输和仓储事业、完善运输与仓储设施、设备、提高运输与仓储效率，不仅可以减少商品运输与仓储过程中的劳动耗费，而且还可以减少运输与仓储过程中的商品损耗，进而提高商品流通效益。另外，生产力的布局决定着商品产销之间的空间距离，从而决定商品运输效率。因此，生产力布局是否合理，也是影响商品流通效益的重要因素。

从微观上看，提高商品流通效益的主要途径有：

第一，根据用户的需求组织适销对路的商品，扩大商品销售额。扩大商品销售额是流通企业提高经济效益的主要途径。流通企业必须十分重视市场调查与预测，根据用户的需求，组织适销对路的商品货源。同时要尽力提高服务水平，用良好的信誉、优质的服务吸引用户，扩大商品销售额。

第二，加强企业经营管理，降低劳动耗费与劳动占用。经营管理不善是我国流通企业经济效益不高的重要原因。加强企业的经营管理，就是要科学预测和决策、合理确定经营的规模、品种、合理设立销售网点、合理选择销售方式、合理使用资金、合理组织劳动，提高劳动效率。

第三，合理组织商品运输与储存，提高商品流通速度。商品流通速度的快慢直接影响商品流通的效益。因此，在组织商品运输时，必须选择合理的运输路线，选择适当的运输工具，并做到合理科学地装载货物，避免迂回、对流等不合理运输，降低运输费用，减少商品运输中的损耗。同时，要控制商品储存数量，避免商品积压，加强商品养护，改善储存设备，提高仓储设施的现代化水平。

第四，全面提高职工的素质。商品流通经济效益决定于商品流通企业的整体素质，而企业素质包括人的素质、技术素质和管理素质，其中人的素质居首要地位。因此，要提高商品流通的经济效益，首先应该建立一支有理想、有道德、有文化、懂业务、会管理、守纪律的职工队伍。

第八节　商品流通管理方法

一、经济方法

（一）经济方法的实质

经济方法是指运用价格、税收、财政、信贷等价值工具来调整不同经济主体的物质利益关系，引导和调节商品流通运行的一种方法。经济方法的形式多种多样，功能也不尽一致，但经济方法的实质是贯彻了物质利益原则，从物质利益上来处理局部与整体、微观与宏观、短期与长期等等的利益矛盾，从而在充分调动流通主体积极性的基础上，使每个流通主体的流通行为都尽可能地符合宏观经济发展的要求。因此，从一定意义上讲，运用经济方法就是通过各种价值工具或经济杠杆不断调整各方面的利益关系，利用物质利益关系来调整流通主体的流通行为。

（二）经济方法的种类及其作用

在商品流通领域，可以运用的经济方法很多。这里着重介绍价格、税收、信贷和财政等价值工具对商品流通管理的作用。

1. 价格

价格对商品流通调节作用发生在两个领域。一是生产领域，一是商品流通领域。在生产领域，某种商品价格的上涨，一方面会刺激这种商品增加供给，从而使这种商品进入市场流通的数量增加，缓解该种商品供给紧张的状态；另一方面某种商品市场销售价格的上涨又会制约市场上对该种商品的需求，从而也会影响该种商品的流通量。如果某种商品价格下降，一方面会增大这种商品需求，另一方面又会减少这种商品的供给，从而也会影响到这种商品的流通量。因此，价格在生产领域是通过调节商品供给量和需求量来影响商品流通的。当然，某些商品价格的上涨或下降对该种商品供给和需求的影响不是瞬时的，而需要经过一定的时间。因此，在利用价格手段调节商品供给量和需求量，进而调节某种商品的流通时，应充分考虑到价格调节的时间（滞后）效应。

在商品流通领域，价格的调节作用主要体现在各种差价对商品流通的调节上。首先，商品购销差价的高低直接影响流通企业参与流通的积极性和盈利的大小，并制约流通能力的发挥。商品购销差价过低，在其他条件不变的情况下，会使流通企业的利润水平过低甚至无利，其直接后果是：一是流通企业自我更新能力普遍低于生产企业，从而使社会流通能力远远不能适应日益增长的生产与消费的需要；二是助长了"重工抑商"的思想，从而导致重生产、轻流通。不仅如此，商品购销差价过低还会使流通企业减少商品周转量，从而降低生产和消费的速度。但是，商品购销差价过高，虽然可以提高流通企业从事购销的积极性和盈利水平，从而为流通能力的更新和提高奠定了物质基础，然而过高的商品购销差价会给流通的终端——消费带来困难，从而降低新的商品产出能力，进而减少流通量、抑制生产的发展。可见，只有适时、准确地制定和调整商品购销差价，才能使商品流通的规模、速度与商品生产的规模、速度相适应。

其次，商品地区差价直接影响商品的区域流向。商品流通的作用是连接生产和消费。而在社会化大生产条件下，商品生产和消费的空间极其广阔，各地区的生产条件、交通运输能力及有关的信息流通手段都不尽相同。为了实现全国范围内各地区经济的均衡发展，就必须采取各种途径，使各种商品在地区之间均衡流通。又由于每个企业都有独立的经济利益，因此，不能通过行政命令的方式来实现商品的均衡流通。这样，商品地区差价就是促进商品在各地区之间均衡流通的有效杠杆。通过制定和调整商品地区差价可以实现商品均衡流通，从而保证区域经济的均衡发展。

其三，商品批发差价是调节商品流通费用和商品流通速度的重要杠杆。批发是满足大众生产和大众消费的交易形式。合理制定批发价格可以促进批发交易的开展，从而减少商品流通的中转环节和中转次数，加快商品流通速度。同时，一般来说，由于流通费用水平同流通量成反比，与流通次数成正比，所以大批量流通又可以降低社会商品流通费用。但是，由于社会生产和消费的层次、规模不同，因此，制定合理的零售价格又是鼓励零售交易从而满足不同层次、不同规模的生产与消费需要的必要手段。通过调整批零差价可以增大或减少交易批量和交易次数，从而降低或提高商品流通费用和速度，满足生产和消费的需要。

其四，商品质量差价是调节商品流通质量构成的主要杠杆。合理的质量差价就是贯彻优质优价、低质低价原则，使商品的质量差体现在价格差上。合理的商品质量差价既可以鼓励优质商品的生产和流通，也可以限制低质商品的生产和流通。因此，合理的商品质量差价能够提高商品流通的质量，进而提高社会经济运行的质量。

2. 信贷

信贷对商品流通的调节主要有两个途径。一是流通贷款额度，即贷与不贷，贷多贷少，贷款期限以及其它附加条件来调节生产企业的生产总量、结构和流通企业的经营规模、结构，进而调节社会商品流通的规模和结构；二是贷款利率，即运用高低有别的利率来调节生产企业的生产总量、结构和流通企业的经营规模、结构，进而影响社会商品流通规模和结构。在流通领域，为了使已经生产出的商品迅速、均衡地流向消费领域，就要灵活运用流通信贷政策。具体地说，要发展或扶持某类商品的流通，就应该在贷款额度和贷款利率上给乎优惠；而要限制某类商品的流通，则应在贷款额度或贷款利率上给予限制。这样才能保证社会流通渠道、流通网络的均衡布局和商品流通的顺畅。否则，由于各类商品的各种差价不同、消费地区不同及商品本身的特点不同，从而导致流通费用不同、流通利润不同，这样就难免出现有的渠道过于膨胀，而有的渠道却过于狭窄；有些网点过多，有些网点过少，从而不能满足多渠道、少环节，各种流通网络纵横交错、分布均衡的社会商品流通的需要。

3. 财政

财政对商品流通的调节主要是通过财政投资、举债、价格补贴等方式来进行的。

通过财政投资的灵活升降，调节社会投资总规模和社会商品供求总量；通过调整财政投资方向，调节投资结构和再生产结构，从而调节商品供求结构；通过对流通工具、流通设备以及流通基础设施的财政性投资，可以增强社会商品流通的能力；通过对不同流通行业的不同投资，可以扶持和加速相应流通行业的发展，以适应生产发展的需要。

通过发行公债，减少流通中货币和资金供应量，并通过对公债的贴现和抵押贷款，又可以增加流通中的货币量和资金供应量，从而起到调节社会商品供求基本平衡的作用。

此外，通过对特殊商品，如农产品的价格补贴，可以保证这些特殊商品的生产企业和流通企业获得合理利润，保证特殊商品的供求平衡，支持特殊产业的稳定发展。

4. 税收

税收对商品流通的调节主要是通过税种、税率来进行的。通过增税、减税和免税等形式对商品供求总量和供求结构进行调节，从流通的起点（生产）和终点（消费）这两个方面来调节商品流通的规模和结构。

在流通领域，可以灵活运用税收杠杆来调节不同流通渠道、不同流通行业、不同流通环节的结构和比例以适应消费多样化、流通复杂化的需要。比如，通过对不同流通行业的税率和税种进行调整，使每个流通企业不存在"天然"的差别，而具有相等的竞争条件和发展机会，从而有利于多层次、多渠道、充分竞争的流通体系的形成。

二、法律方法

（一）法的本质和调节经济的特点

法是通过国家强制力保证实施的行为规范的总和，是以一定社会经济基础为形成根据的上层建筑的重要组成部分。任何社会制度下，法都具有调节经济运行的作用。从历史的发展来看，随着社会形态的更替和进步，法对经济运行的调节作用处在不断强化的趋势中。在社会主义市场经济条件下，法的作用应该在更大程度上得到强化，使之成为调控社会主义市场经济运行的更有力的杠杆。相对于其它调控经济运行的手段而言，法有自己特定的功能和作用方式。

第一，法规定社会成员经济行为的限度和基本方向，它使社会成员按照一个统一的、为人们所公认的原则发生关系，从而建立一个良好的社会经济秩序。

第二，法确定国家组织经济活动的规则，使国家经济管理系统按照协调与稳定的原则发挥调节作用。同时，法也确定国家行使经济管理职能的基本程序，使国家在合理的限度内干预并监督经济生活。

第三，法以特定的形式规定经济生活中处在不同层次上的行为主体间的关系和各自的权利和义务。

法对商品流通的调节和控制具有三个重要特征：

一是强制性。法是国家通过强制力保证实施的调节人们利益关系和行为规范的总和。它的作用是强制的，不依任何个人或组织的意志为转移。在执法过程中不存在对法的变通和折扣，因此，通过法律手段可以准确地保证商品流通的顺利进行、真实地体现管理主体的意愿。

二是整体性。法对商品流通调节、控制的整体性是指完整的法律体系调节、控制完整的商品流通过程，对商品流通发生整体调节、控制作用。在法律不健全的前提下，法的整体性往往因法的不健全而失去一定的约束力。因而法是一个有机的总和。另外，法对商品流通调节、控制的整体性还表现在它是整体意志的产物，而不是任何权力人物的个人意志。因此，在实践过程中必须时刻避免权大于法的现象。

三是稳定性。法以相对稳定的规则对变化着的商品流通运行发生调节作用，是法调节商品流通的稳定性。法对流通行为的约束是一种相对稳定的约束。法的调节作用的稳定性，也体现在法的调节作用是相对持久的。

由于法律具有上述功能与特点，因此，它成为不可代替的调节商品流通的手段。近年来，随着流通体制改革的不断深化，从而改变了过去那种单一渠道、单一形式。单一主体的呆板僵化的流通格局，促进了生产的发展和消费水平的提高。然而，我们不能不承认每个主体的自主行为并非完全符合社会规范和社会整体利益的要求。流通的活跃、自由，必然伴随着大量无序的流通行为和流通现象的出现。这些无序的行为和现象在很大程度上阻碍了商品流通的健康发展。因此，整治这些无序的行为和现象是商品流通宏观管理的重要课题。但是，诸如以次充好、假冒伪劣、偷税漏税、不履行合同、制造公害及各种形式的垄断等等行为，单靠经济方法是无法整治的，因此必须使用具有强制性的法律手段。

（二）加强法制建设是发挥法律手段调节作用的关键

用法律方法管理商品流通，就是通过立法和司法对商品流通过程中的各种不合理行为进行约束，以保证商品流通的有序运行。立法与司法是运用法律方法管理商品流通的关键。

从立法的角度来看，要建立一个完整的商品流通法律体系。如前所述，法对商品流通调节作用的整体性就是指完整的法律体系调节完整的商品流通过程。没有健全、配套的法律体系就无法进行整体调节。立法的意义不仅在于对已经发生的违法行为的制裁提供依据和尺度，而且还在于在人们行为之前就给人以行为规范，在观念上约束人的行为。事实上，法律的很重要作用就在于观念上的约束。因此，为了使更多的商品流通主体行为符合社会整体利益的要求，就必须健全完整的商品流通法律体系，以发挥法律的观念约束作用。

从司法的角度来看，要强化执法机关的功能，提高执法人员的素质，而最关键的是从上到下的执法系统能够真正按法律办事。司法的意义首先表现在对违法行为的制裁和制止，以避免由此给社会带来的破坏和消极作用。但是，更重要的意义是可以强化法律的观念约束力。相对立法的观念约束来说，司法是物质约束，这种物质约束反过来又可以强化观念约束，使人们在行为之前就有一个是非标准，以避免不合理行为的发生。否则，如果执法不严，不仅给违法者以可乘之机，使其危害继续蔓延。而更重要的危害是降低了法律的强制性、权威性和严肃性，弱化了法律的观念约束作用。可见，立法与司法是相互影响、相互制约的法制建设的两个方面。健全的立法必须通过严肃的司法维护其尊严；同时，严肃、全面的司法也必须有健全的法律体系为保证。这就要求我们从立法与司法两个方面来加强法制建设，以保证法律手段对商品流通过程的全面、准确、及时的调节和控制。

三、行政方法

（一）行政方法的性质

运用行政方法管理商品流通，就是依靠各级行政管理机关或、商品流通管理机关的法律赋予的权力，按照行政系统、行政层次、行政区域采用行政命令、指示和预定来控制商品流通的规模、结构、速度、成本和秩序，以适应国民经济稳定发展的需要。从行政方法本身来说，它应该是对客观实际的反映，是解决现实中各种矛盾的方法。同时，也具有一定的强制性、权威性和严肃性，它与法律方法所不同的是稳定性较差。这是因为行政方法一般有两种发展形式，一是作为法律方法的雏形经过一定时间而法律化；二是有的行政手段主要是针对当地、当时特定的问题而采取的特定措施，经过有限期的使用，解决了当时要解决的问题以后就废弃了。从这个意义上说，行政方法是一种"过渡性"方法，相对法律方法而言，它是临时调整各种经济利益矛盾的权威工具。

（二）行政方法的作用

行政方法的首要作用在于弥补既存法律调节功能的缺欠。我们知道，法律的一个重要特征就是它的稳定性，这种稳定性取决于法律可以调整惯常发生的各种行为。但是，经济活动每时每刻都会有新情况的出现和新矛盾的发生。这些新情况和新矛盾可能是既存法律所无法调整的，而法律的修改、补充总是需要一定时间的，所以行政方法正是在原有法律和新法律出现之前的空缺之间来调整社会经济的有序运行的强制手段。因此，必要的行政方法具有暂时的法律功能。

其次，科学的行政方法是动员经济主体完成统一任务的重要手段。科学的符合全局利益的命令、指示、规定，可以使经济主体有目标、有规范、统一认识、统一纪律、统一行动，不仅保证了宏观经济的协调发展，而且增强了经济主体的政治责任。经济责任和政治责任的统一，强化了经济主体在经济活动中的责任感，从而有利于经济主体的行为趋于合理。

还必须看到，科学的行政方法有利于贯彻国家的路线、方针、政策，并对关系国计民生大局的经济事业和国民经济的重大比例关系进行直接控制，指明企业和国民经济发展的正确方向。此外，强有力的行政手段还担负着指导、控制、协调各部门、各地区、各企业之间的经济活动，调节各部门、各地区经济发展的水平，扶持经济落后地区和薄弱部门的发展，从而使地区经济、部门经济均衡发展。

总之，科学的符合客观实际的行政方法对保证社会主义市场经济健康发展起着重要作用，否认、低估或者忽视行政方法的作用都是错误的、有害的。

但是，也不能否认，由于行政机构和行政方法本身的一些特点，在经济管理中，如果不适当地扩大行政方法的应用范围，甚至单纯依靠行政方法来管理经济，也是不利于社会主义市场经济健康发展的。这是因为：第一，单纯依靠行政方法往往把行政机关的办事方法搬用到经济生活中来，只考虑行政的方便，要求经济活动适应行政系统、层次、区划，而不注意去努力研究和运用经济规律，这就容易脱离实际，犯主观主义的错误；第二，单纯依靠行政机构来管理经济，随着行政机构和层次的增加，经济管理的层次也增加，从而办事的层次也增加，这就影响经济工作的效率，容易丧失经济活动的有利时机；第三，行政方法以行政区划、行政系统来组织社会经济活动，这往往同社会化大生产所要求的企业之间、部门之间、地区之间的内在联系不相适应，甚至阻断合理的经济联系，造成人为的经济分割和经济封锁，妨碍社会范围内的商品流通。因此，在市场经济条件下，对宏观经济的管理，既不能没有行政方法，也不能不适当地扩大使用行政方法管理的范围，更不能滥用行政方法。而应该在不影响经济主体充分发挥其活力，保证市场经济的本质特征的前提下，适时、准确地运用行政方法。

四、行业自律

（一）行业自律及其组织形式

行业自律是指通过商品流通协会、商会等组织形式对商品流通主体及其行为进行的自我约束。目前，我国商品流通领域的行业自律组织主要是商品流通协会。商品流通协会是指在政府商品流通管理机构的指导下，以同行业法人为主体，在市场竞争中自愿联合组成的，实行民主自治管理的社会经济团体。它是政府对社会商品流通实行宏观调控的有力助手，是商品流通行业自我管理、自我约束的自律性组织。其主要特点是：

1.自愿性。商品流通协会的形成是以自愿加入为基础的，协会成员可以自由进入、自由退出。

2.民主性。商品流通协会遵循民主自治、平等互利的原则。协会的章程由其成员共同商定，领导机构由协会成员民主选举产生。会员企业必须遵守协会的章程及行为准则，履行应尽的义务，同时，也享有相应的权利。

3.居间性。商品流通协会在商品流通管理中处于中间地位，对上，代表会员企业与政府对话，维护和增加会员企业的利益；对下，贯彻政府的意图，传递政府的各种调控信息，使国家的宏观调控意图得以实现。因此，商品流通协会是会员企业与政府之间的桥梁与纽带。

4.民间性。商品流通协会不是行政管理机构，全国性商品流通协会与基层协会之间不存在上下级隶属关系。协会与会员之间也不是领导与被领导的关系。商品流通协会是通过民主协商的方法对企业的经营活动进行指导而不是靠行政手段来维护。

5.服务性。商品流通协会一般不是法人，它不以盈利为目的，而是为会员企业的共同利益服务，促进本行业整体经营管理水平的提高

从商品流通协会的上述特点可以看出，要切实发挥商品流通协会的作用，必须确保商品流通协会活动的独立性，而不应对它进行过多的行政干预。不应由政府部门举办，而应由民间企业自愿组建。

（二）商品流通协会的职能

商品流通协会作为一个自律性组织，具有如下职能：

1 开展本行业的基础资料的调查、搜集和整理工作，研究本行业的发展方向和战略目标，为制定商品流通行业规划、制定商品流通的法规提供依据。

2 协调同行业之间和不同行业之间的经营合作、产销衔接及竞争中出现的矛盾，推动企业经营管理水平的提高，增强会员企业之间的凝聚力。

3 开展咨询服务，提供各类市场信息，及时传达贯彻政府的方针政策及宏观调控的意图，组织企业之间的信息交流，对企业经营活动进行指导。

4 向政府部门提出本行业的发展建议，维护会员的合法权益，适时与政府部门进行沟通。

5 组织制定本行业的规章制度及有关条例、标准，并监督会员企业贯彻执行。

6 承办其他业务活动，如培训各类人才及办理政府部门与其它团体委托的有关事宜等。

随着改革的深化和政府职能的转变，许多过去主要由政府协调的经济事务，要进

一步转由市场协调，并具体表现为民间自律组织之间的协调。市场管理法制化、市场运行规范化也要借助多层次、多领域民间协会组织来配合，脱离行政依附关系的企业、个人则更需要得到社会组织多方面的帮助。因此，商品流通协会将在政府、企业、行业、民众及社会群体之间起到沟通作用，在法制化轨道上起到自律、协调利益、解决矛盾、保障秩序的作用。其中，提供服务，保护不同利益群体的合法权益，约束成员企业的市场行为，反对不正当竞争，不仅对经济的繁荣与稳定，而且对政治稳定和政治民主化、社会法制化都具有重要意义。

为了进一步推进我国商品流通行业自律组织的发展，应该在以下几方面做出努力：一是增强民众、企业、行业的自主自律意识和自我负责精神，对正当权益培养自我保护能力，对经济行为培养自我约束能力，并增强其对经济事务和社会勤务的参与意识；二是弱化行政权力对协会组织的过多干预，使之拥有更大的自主活动空间；三是破坏依附关系，创造条件提高协会组织的社会地位和社会影响，允许协会办更多的事情；四是提高协会自身的素质，加强协会的组织建设，淡化"官办"色彩；五是民间协会要向民间开放，扩大成员企业和经费来源。我们认为，只要建立起适合中国国情的行业自律性组织，并充分发挥其作用，就能大大推动商品流通的规范化与法制化进程，同时，还可以提高政府管理商品流通的效率、降低管理商品流通的成本。

第三章　商品采购管理

通过本章学习，要求学生初步了解商品采购的概念、作用和任务，了解商品采购的分类，能正确区分有形采购和无形采购；正确理解不同环境下的企业所采取的三种不同采购方式；掌握商品采购部门的建立方式；正确理解商品采购各部门的职责和商品采购制度；熟悉商品采购的人力资源管理内容等。

第一节　商品采购概述

一、商品采购的含义

一般认为，商品采购是指单位或个人基于生产、销售、消费等目的，购买商品或劳务的交易行为。根据人们取得商品的方式途径不同，商品采购可以从狭义和广义两方面来理解。狭义的商品采购，简单地说，就是企业根据需求提出采购计划、审核计划，选好供应商，经过商务谈判确定价格、交货及相关条件，最终签订合同并按要求收货付款的全过程。这种以货币换取物品的方式，就是"购买"，可以说是最普通的采购途径。个人也好，企业机构也好，满足消费或者生产的需求十之八九都是以"购买"的方式来进行。

广义的商品采购是指除了以购买的方式获取物品之外，还可以通过下列途径取得物品的使用权，以达到满足需求的目的。

（一）租赁

租赁即一方以支付租金的方式获得他人物品的使用权。

（二）借贷

借贷即一方以无须支付任何代价的方式取得他人的物品的使用权。使用完毕，仅返还原物品。这种无偿借用他人物品的方式，通常是基于借贷双方的情谊与密切关系，特别是借方的信用。

（三）交换

所谓"交换"就是用以物易物的方式取得物品的所有权及使用权，但是并没有直接支付物品的全部价款。换言之，当双方交换价值相等时，不需要以金钱补偿对方；当交换价值不等时，仅由一方补贴差额给对方。

综合以上的说明，我们可以知道，商品采购就是单位或个人为了满足某种特定的需求，通过购买、租赁、借贷、交换等各种途径，取得商品及劳务的使用权或所有权的活动过程。在日常经营活动中，我们所讲的商品采购主要是以购买方式为主的商品采购活动。

二、商品采购的分类

（一）工业采购和消费采购

商品采购按其用途不同分为工业采购和消费采购。工业采购通常是指企业为了经营或生产所需产品和服务，而按一定代价同外部进行的交易活动。消费采购与工业采购有很大不同，消费采购活动是个人行为，而工业采购通常是机关、企业等机构的集体行为。

工业采购和消费采购相比较，无论在采购的目的、动机，还是在采购决策和特点方面都有着明显的差别。工业采购往往一次采购以后，便同供应商建立起长期合作关系；而消费采购的随意性比较大，主要为满足个人消费需求，采购动机带有个人喜好，采购量也比较小。工业采购的动机是理性的，一般是多人参与，是一个程序化的过程，采购数量通常比较大，价格也比较稳定。

（二）有形采购和无形采购

商品采购按其输出形态的不同分为有形采购和无形采购。

1. 有形采购

采购输出的结果是有形的物品，例如，一支钢笔、一台电脑、一块电路板等，像这样的采购我们称其为有形采购。有形采购主要采购具有实物形态的物品，例如，原料副料、机具及设备、事务用品等。下面我们分别来介绍一下这些有形采购的物品。

（1）原料。这主要是指直接用于生产的原材料，也是构成产品的最主要成分。在产品的制造过程中，即使原材料的形体发生物理或化学变化，它依然存在于产品里面，不会消失。通常，原材料是产品制造成本中占比率最高的项目。在有形采购中，仅用于生产的采购称为物料采购，如为电视生产采购的显像管、电阻等原材料，还有织布用的棉纱，生产集成电路所用的晶片，生产水泥用的石灰石等均是各项产品的主要原材料。

（2）副料。在产品制造过程中，除了原材料之外所耗费的材料均属于副料。有些副料与产品的制造有直接关系，但是产品制成时，副料本身已经消失，如化学制品所需的催化剂；有些虽然还附着在产品上，但由于其价值不高，仍然把它当做副料，如成衣上的纽扣或拉链、机械制品上的螺丝等。另外，有些副料与产品制造并无直接关系，只是消耗性的材料或工具，如铁刀、钢刷等；或是产生能量所耗用的燃料，例如汽油、瓦斯、煤炭等。此外，包装材料也属于副料，如纸箱、塑料袋、包装纸、打包带等。

（3）机具及设备。主要是指制造产品的主要工具或提供生产环境所不可缺少的设施。前者譬如人造纤维的聚合设备、生产活塞的万能研磨机、生产钢铁制品的炼钢电炉设备及连续铸造机、个人电脑厂的表面粘着机等；后者如生产集成电路的无尘室、生产各种疫苗的无菌室。这类机具设备对产品的产量及品质会产生直接的影响。另外，空调设备、电力设备及储运设备等，仅提供生产上所必需的温度、动力及仓储运输效能；其他如提供产品品质测试或材料检验所需的仪器，以及塑造产品或零件所需的模具等。

（4）事务用品。事务用品主要是指办公室生产线人员在文书作业上所需的设备及文具、纸张，以及任何其他杂项购置。前者如桌椅板凳、圆珠笔、钢笔、账册、计算机、个人电脑、信封、信纸、打字机等；后者诸如茶壶、扫把、衣架等。

2. 无形采购

无形采购是相对于有形采购而言的，其采购输出结果是不具有实物形态的技术和服务等，例如，一项服务、一个软件、一项技术、保险及工程发包等被我们约定为无形采购。无形采购主要是咨询服务采购和技术采购，或是采购设备时附带的服务。下面我们对无形采购中的技术、服务和工程发包进行一下简单的介绍。

（1）技术。技术是指取得能够正确操作或使用机器、设备、原料等的专业知识。只有取得技术才能使机器或设备发挥效能，提高产品的产出率或确保优良的品质，降低材料损耗率，减少机器或设备的故障率，这样才能达到减少投入增加产出的目的。

（2）服务。在无形采购中，用于服务、维护、保养等目的的采购统称为服务采购。具体包括安装服务、培训服务、维修服务、咨询服务等，

（3）工程发包。工程发包是按照规定的招投标程序，将厂房、办公室等建筑物的建造与修缮承包给专业施工单位，完成工程项目的建造与修缮。工程发包有时要求承

包商连工带料，以争取完工的时效；有时自行备料，以包工不包料的方式支付费用，如此可控制和节省工程发包的成本。规模比较大的企业，本身具有一定的制造、安装及维修能力，也可以购入材料后自行施工。

（三）商品采购的作用

在现代企业的经营管理中，采购已显得越来越重要。一般情况下，企业产品的成本中外购部分占了比较大的比例（60%-70%）。因此，零部件及原材料的采购成功与否在一定程度上影响着企业的竞争力大小，采购与采购管理往往是竞争优势的来源之一。随着全球市场一体化和信息时代的到来，专业生产能够发挥更加巨大的作用，导致企业采购的比重大大增加，也使采购及其管理的作用提升到一个新的高度。以下就采购在成本控制、供应、项目执行、产品质量中所处的地位来阐述采购在企业经营管理中的重要作用。

1. 商品采购在成本控制中的作用

有资料表明，在企业的产品成本构成中，采购的原材料及零部件成本占企业总成本的比重随行业的不同而不同，大约在30%-90%之间，平均水平在60%以上。从世界范围来说，一个典型的企业，其采购成本（包括原材料、零部件）一般要占60%，而工资和福利要占20%，管理费用占15%，利润占5%。从这个比例数我们可以清楚地看出采购成本是企业成本控制中的主体和核心部分，采购成本控制是企业成本控制中最有价值的部分。相当一部分企业仍然把目光只放在管理费用以及工资和福利费等上面，裁减员工、削减福利往往成为企业控制成本的首选。把大量的时间和精力花费在这些占企业总成本还不到40%的次要方面，而忽视了占总成本60%以上的采购成本，不仅收效甚微，而且会带来人心浮动、员工抱怨指数增加的后果。可以说是得不偿失，其对成本的控制事倍功半。

2. 商品采购在供应中的作用

从商品生产和交换的整体供应链中，我们可以看出每一个企业都既是顾客又是供应商。另一方面，顾客的需求也越来越高，要求企业按库存生产，随时满足顾客需求。但是库存的增加会使企业的费用也相应地增加，同时，激烈的市场竞争又要求企业按订单进行生产。这样一来就产生了一对矛盾。为了解决这对矛盾，企业只有将供应商纳入自身的生产经营过程，将采购及供应商的活动看做是自身供应链的一个有机组成，才能加快物料及信息在整体供应链中的流动，从而可以将顾客所希望的库存成品向前推移为半成品，进一步推移为原材料，这样既可减少整个供应链的物料及资金负担（降低成本、加快资金周转等），又可以及时将原材料、半成品转化成最终产品以满足客户的需要。在整体的供应链管理过程中，"即时生产"是既能缩短生产周期、降低成本和库存，又能以最快的速度交货满足顾客需求的有效做法，而供应商的"即时供应"则是开展"即时生产"的主要内容。因此，从供应的角度来说，采购是整体供应链管理中"上游控制"的主导力量。

3. 商品采购在企业经营中的作用

随着现代经济的发展，许多企业都将供应商看做自身企业产品开发与生产的延伸，从而与供应商建立合作伙伴关系。在自己不用直接进行投资的前提下，充分利用供应商的能力为自己开发生产产品。这样一方面可以节省资金、降低投资风险；另一方面又可以利用供应商的专业技术优势和现有的规模生产能力，以最快的速度形成生产能力、扩大产品生产规模。现在很多企业对供应商的利用范围逐渐扩大，从原来的局限于原材料和零部件扩展到半成品甚至是成品。通过以上的分析，我们可以了解到采购对于一个企业来讲不仅仅是买东西，而且是企业经营的核心环节，是企业获取利润的主要资源。采购对企业的产品开发、质量保证、整体供应链以及经营管理都起着极为重要的作用。因此我们要从传统采购的误区中走出来，正确地认识采购的地位。这既是现代企业在全球化、信息化的激烈竞争中赖以生存的一个基本保障，也是现代企业不断发展壮大的必然要求。

4. 商品采购在项目管理中的作用

我们知道，任何项目的执行都离不开采购活动。例如，农业项目需要采购农用机械、农用工具、种子、农药、化肥；水利项目需要采购钢筋、水泥、水泵和其他排灌设备；土建工程项目需要选定承包商来提供施工服务；技术援助项目需要聘请咨询专家。通过以上举例，我们可以看出采购工作是项目实施中的重要环节，而且也关系到项目建设的成败。相反，如果采购工作做得不好，如采购方式不当或者是管理不得力，所采购的货物、土建工程和咨询服务就达不到项目要求，这样不仅会影响项目的顺利实施，而且还会影响项目的预计效益，甚至会导致项目的失败。

（四）商品采购的任务

商品采购的任务主要包括以下几点：

1. 提高质量

通过不断改进采购过程以及加强对供应商的管理，以提高采购的原材料的质量。

2. 控制成本

采购成本的高低是衡量采购是否成功的重要指标。因此，在采购过程中必须控制和减少包括以直接采购成本和间接采购成本为主的采购相关成本。直接采购成本的减少是指对原材料、零部件等的采购价格的控制和降低。直接采购成本的控制和降低可以通过提高采购工作效率、定期谈判、优化供应商、实施本地化、与供应商共同开展改进项目等途径来达到。间接采购成本则可以通过包括缩短供应周期、增加送货频次、减少原材料库存、实施来料免检、循环使用原材料包装、合理利用相关的政府政策、避免汇率风险、供应商参与产品开发和过程开发等在内的方法来降低。

3. 建立供应配套体系

企业的采购任务包括建立可靠、最优的供应配套体系。一方面要减少供应商的数量，使采购活动尽量集中，降低采购成本；另一方面又要避免依赖独家供应商，防止供应商借此垄断提高价格。

4. 与供应商建立合作关系

企业的采购还有一个重要任务是充分利用供应商的专业优势，让其积极参与产品开发或过程开发，将供应商纳入企业自身的整体经营中。

5. 树立企业形象

企业需通过采购工作建立和维护本企业的良好形象。因为采购是企业的对外工作，同销售工作一样，采购在很大程度上对外代表着企业的形象。因此，采购部门必须以公正良好的态度发展企业同供应商的关系，从而树立企业的优秀形象。

6. 信息管理

企业采购还有管理、控制与采购相关的文件和信息的任务。从采购管理的角度来讲，其职责是制定并实施采购的方针、策略、目标以及改进计划并进行采购及供应商绩效衡量，建立供应商审核及认可、考核及评估体系，开展采购体系的自我评估，同其他单位的采购水平进行比较借以不断提高整体采购水平，建立培养稳定且有创造性的专业采购队伍，与其他单位共享采购资源和信息等。

二、商品采购部门的建立

（一）采购部门的建立方式

所谓采购部门的建立，亦称为采购内部组织的部门化，也就是将采购部门应负责的各项功能整合起来，并按分工方式建立不同的部门来加以执行。一般来讲，在规模较大的采购组织中是按照其职能来建立部门的。

如图 3-1 所示，采购科执行购买的功能，并与供应商议价；稽查科负责使供应商如期交货并确保品质；管理科负责采购文件和报告的准备工作以及电脑系统的作业；研究科则负责收集、分类及分析采购决策的资料。

不过，在一般的中小型规模的采购组织中，通常缺乏稽查、管理、研究的功能，或因这三种功能并不明显就没有分别设置部门，至多将其部分功能合并为管理科或并入采购科。因此，对于采购部门的建立，我们分别就执行购买功能的采购组织来说明。

1. 按物品类别建立

图 3-1 中的采购科，按物品类别分别设立原料、燃料、设备、办公用品、维修五组。而原料可以再细分为铅、铜、化学品、电器及机械，交由不同的采购人员来采办。

此种采购部门的建立方式，可使采购人员对其经办的项目非常专业，比较能够发挥"熟能生巧"以及"触类旁通"的效果，这也是最常使用的采购部门的建立方式，对于物品种类繁多的企业与机构最为适合。

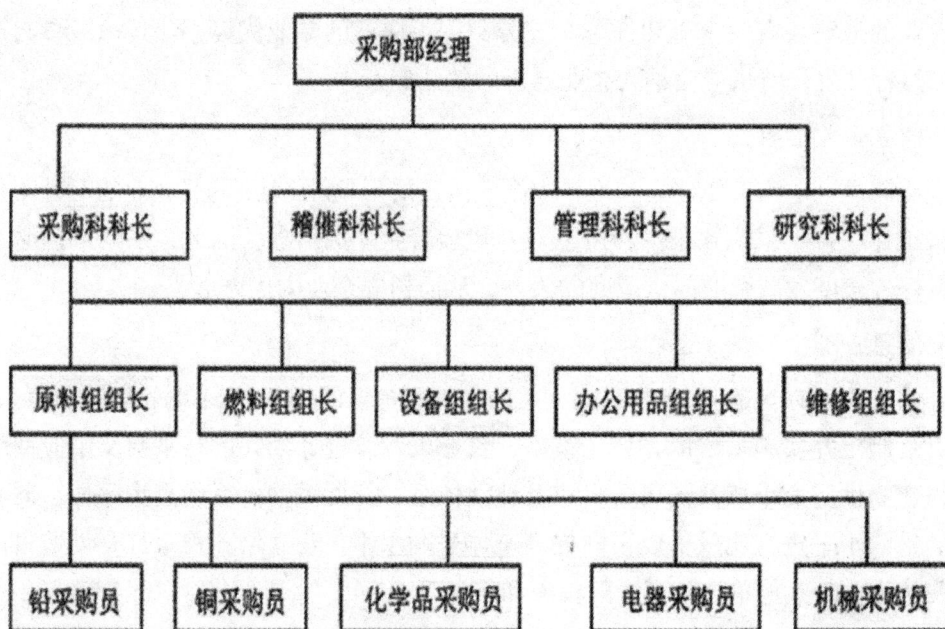

图3-1 某制造企业组织表

2. 按采购地区建立

依照物品的采购来源，分别设立部门。此种分工方式，主要是基于国内、国外采购的手续及交易对象的显著的差异，因而对于采购人员的工作条件亦有不同的要求。

由于国内、国外采购作业方式的不同，因此分别设立采购部门有利于管理。不过，上级主管必须就所购买的物品比较国内、国外采购的优劣，判定采购事务应交给哪一部门承办，才能事半功倍。否则，国外采购归业务处管辖，国内采购归工厂管辖，"井水不犯河水"，国内、国外采购就无法比较成本、品质等优劣，也就无法获得国际供应的好处。

3. 按采购价值或重要性建立

把采购次数少但价值高的物品，交给采购部门主管负责处理；同时，将采购次数频繁，但价值不高的物品，交给基层采购人员办理，参见表 3-1.

表3-1　按物品价格分工的采购组织

物品	价值	次数	承办人
A A	70%	10%	经理
B	20%	20%	科长
C	10%	70%	科员

按照物品价值建立部门的方式，主要是保障主管对重大的采购项目能够集中精力加以处理，达到降低成本以及确保来源的目的。此外，让主管有更多的时间，对采购部门的人员与工作绩效加以管理。

另外，可以依据产品对企业的重要性，将策略性项目（利润影响程度高，供应风险大）的决定权交给高级主管（如主管采购的副总经理）办理，将瓶颈项目（利润影响程度低，供应风险大）交给中级主管（如经理）办理，将框杆项目（利润影响程度高，供应风险程度小）交给基层主管（如采购科长）办理，将非紧要项目（利润影响程度低，供应风险小）交给采购人员办理。参见表 3-2。

表 3-2　按采购物品重要性分工的采购组织

项目类型	利润影响程度	供应风险程度_	采购承办人
策略性项目	高	大	副总经理
瓶颈项目	低	大	经理
杠杆项目	高	小	科长
非紧要项目	低	小	科员

4. 按采购过程建立

这种方式指依照采购过程，把询价、比价、议价、决定等工作分别交由不同的人员办理，从而产生内部牵制作用。

如图 3-2 所示，内购科分别设置访价组负责招标，议价组负责订约，结报组负责付款；外购科的访价与议价功能委托驻外采购单位负责，故只担任签约、履约及综合业务（包括外购法令之修订、申诉处理、进度管制等）。

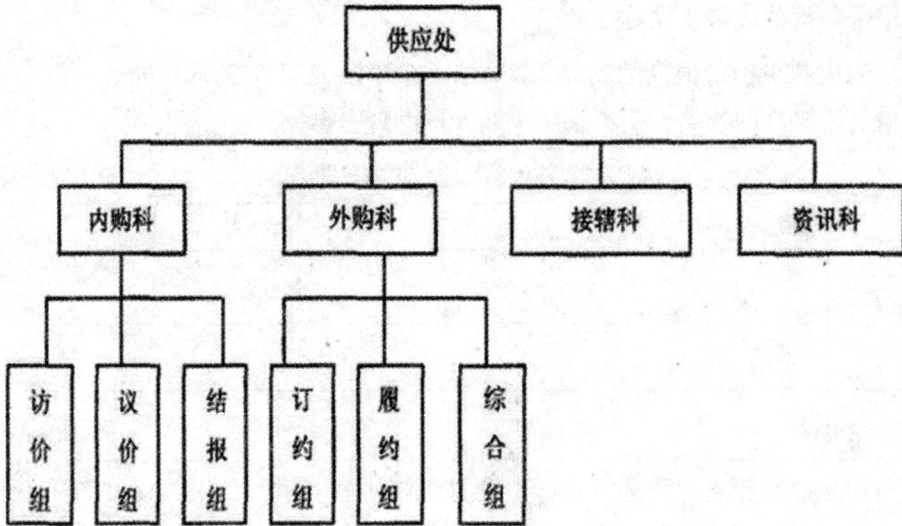

图3-2某单位采购组织表

这种以采购过程进行分工并建立部门的方式，以采购量价值巨大、事务浩繁，而且作业过程复杂、交货期较长，以及采购人员众多的企业与机构为宜。

5.混合式的建立

在许多稍微具有规模的企业或机构中，通常会兼有以采购物品、地区、价值等为基础来建立采购部门的内部组织。如图3-3所示，先以地区划分为外购科及内购科，分设科长掌管。然后再按物品类别，交由不同的采购人员承办；同时，也以价值为基础，另外设立原料科，由副总经理兼任科长来掌管。因主要原料约占整个部门采购金额的70%，故由采购经理直接洽商决定，再交由原料科人员办理有关交易的手续。

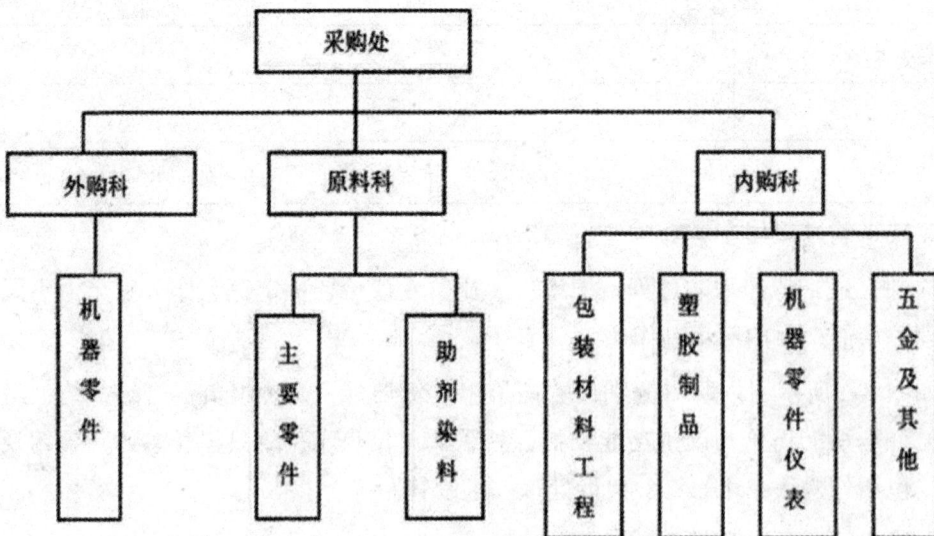

图3-3 某人造纤维企业采购组织表

（二）采购部门组织方式优劣的比较

以上采购部门内部组织的方式，除了第四种按采购过程为基础，也就是以功能编组的方式来建立部门（即分段作业的组织方式，每位采购人员只承担一个采购事务的部分过程，并承担局部的责任）外，其余第一、二、三种分别按物品、地区、价值为基础来建立部门。采购人员担任一个采购事务的全部过程与有关作业，包括开发来源、询价、订购、付款等功能，并承担一切责任，这就是一贯作业的组织方式。

1. 一贯作业

1）优点

（1）一位采购人员可以综合管理全部采购过程，权责比较分明；

（2）符合规模经济的原则；

（3）与供应商的关系良好；

（4）由于对供应商有取舍的权力，因此可以增强及时交货及改善品质的管理效能。

2）缺点

（1）一位采购人员负责全部过程的各项作业，工作相当复杂，无法做到非常专业和精通；

（2）采购事务从头到尾，由一个采购人员全权负责，使得采购人员的权力过大，容易发生徇私舞弊、贪污受贿的事件；

（3）采购人员常常因为某一采购事务的羁绊，而无法进行其他的采购事务，致使采购完成效率低下。

2. 分段作业

1）优点

（1）每位采购人员只负责采购过程中的一部分，因此能够做到熟能生巧，减少错误的发生，提高办事效率；

（2）一方面是分工合作，另一方面则是内部牵制，除非全体人员沆瀣一气，否则不容易串通舞弊；

（3）采购过程每一阶段均由专业人员负责，可以大大提升采购作业的品质。

2）缺点

（1）采购过程由不同人员分段处理，收发转接手续较多，延误时效；

（2）各自为政，无人负责，而且采购与使用之间接手人员太多，会大量增加联系上的困难；

（3）因为对任何采购事务均无完整的决定权，因此采购人员的工作满足感比较低。

三、商品采购部门的职责

如今采购部门的组织更加复杂，主要是物料的供应缺乏稳定性，并且企业的策略主要是以降低采购成本来提升企业的竞争力造成的。因此，采购部门的职责相对扩大，工作内容的差异性也大大增加，进而影响了采购人员的选用与授权。

（一）以整体企业而言

以全面质量管理的观念而言，采购部门的职责开始于获得请购单之前，并延续至填发订购单之后，所包括的一切与采购工作直接或间接相关的活动。因此，以整体企业的立场来看，采购工作的优劣关系到其他部门是否能够相互配合和协调。下面我们就对相关部门的职责分述如下：

1. 请购单位

（1）非存量管制物料的申请。

（2）拟订请购料的规格及其他需求条件，包括数量、用途及交货日期等。

（3）采购物料规格的确认与验收。

（4）重大请购物料预算的编制或估价。

2. 物料管理单位

（1）根据生产计划拟订物料需求计划。

（2）制定企业主要物料存量管制水平。

（3）物料交货进度的管制。

（4）缺料的稽催。

3. 仓储单位

（1）请购单的处理（收件、登记、转送等）。

（2）物料的验收、存储与发放。

（3）废料的处理。

（4）存量管制物料的申请。

4. 采购单位

（1）审查请购单的内容。其中包括是否有采购的必要以及请购单的规格与数量等内容是否相符。

（2）与技术、质量管理等部门人员共同参与对合格供应厂商的甄选。

（3）交货的稽催与协调。

（4）物料的退货与索赔。

（5）物料来源的开发与价格调查。

（6）采购计划与预算的编制。

（7）国外采购的进口许可申请、结汇、公证、保险、运输及报关等事务的处理。

（8）供应商的管理。

（9）采购制度、流程、表单等的设计与改善。

5，财务单位

（1）物料采购预算的审核。

（2）各处物料与劳务付款方式的规定。

（3）物料付款凭证的审查与支付。

（4）供应商违约赔偿、扣款等的执行。

（二）以采购部门内部而言

采购部门及其相关单位的职责划分已经在前面叙述过了，在这里，我们另就作业层面及管理阶层的职责进行详细阐述。

1，作业层面

1）质量

（1）能够明确说明规格。

（2）提供客观的验收标准给供应商。

（3）参与质量问题的解决。

（4）协助供应商建立质量管理制度。

（5）尊重供应商的专业技术。

2）交货

（1）给供应商正确而且能够实现的交货期。

（2）提供长期的需求计划给供应商。

（3）使供应商同意包装及运输方式。

（4）协助供应商处理交货问题。

3）价格

（1）给供应商公平的价格。

（2）让供应商分享共同推行价值分析的成果。

（3）尽快付款。

4）其他

（1）对供应商的问题及抱怨尽快回应。

（2）提供技术及测试仪器，使供应商生产更佳的产品。

（3）使供应商尽早参与产品的设计。

2. 管理阶层

1）采购经理

（1）拟订采购部门的工作方针与目标。

（2）负责主要原料与物料的采购。

（3）编制年度采购计划与预算。

（4）签订审核订购单与合约。

（5）建立与改善采购制度。

（6）撰写部门周报与月报。

（7）主持采购人员的教育训练。

（8）建立与供应商良好的伙伴关系。

（9）主持或参与采购相关的业务会议，并做好部门间的协调工作。

2）采购科长

（1）分派采购人员及助理的日常工作。

（2）负责次要原料或物料的采购。

（3）协助采购人员与供应商谈判价格、付款方式、交货日期等。

（4）采购进度的跟踪。

（5）保险、公证、索赔的督导。

（6）审核一般物料采购方案。

（7）市场调查。

（8）考核供应商。

3）采购员

（1）经办一般性物料的采购。

（2）查访厂商。

（3）与供应商谈判价格、付款方式、交货日期等。

（4）要求供应商执行价值工程的工作。

（5）确认交货日期。

（6）一般索赔案件的处理。

（7）处理退货。

（8）收集价格情报及替代品资料。

4）助理

（1）请购单、验收单的登记。

（2）交货记录及跟催。

（3）访客的安排与接待。

（4）采购费用的申请与报支。

（5）进出口文件及手续的申请。

（6）电脑作业与档案管理。

（7）承办保险、公证事宜。

总之，采购部门的职责已经逐渐从传统的作业性的工作，提升为策略性的工作。这表明采购部门已参与企业长期发展的决策，这也证明了采购部门在企业里的地位正"步步高升"。

（三）以工作时间分配而言

从传统采购部门的工作内容以其所占的工作时间来看，其最主要是花费在文书处理上，比例占50%，其次是跟踪催货占20%，推销员访谈及质量问题的处理占10%，电话联络及开会则各占5%，参见表3-3。由表3-3可以看出，传统采购部门工作绩效（成果）的提升受到限制。今后，担当主任的采购部门的人员，应将他们的时间重新规划及支配，投入到策略性的工作方面，参见表3-4。谈判（议价）占20%，价值分析占15%，选择供应商占15%，品质改进占15%，寻求替代来源占15%，文书作业只剩5%。

表3-3　作业性时间分配

采购部门的工作内容	所占用的时间比例（％）
文书作业	50
跟催	20
推销员访谈	10
品质问题	10
开会	5
电话联络	5

表3-4　策略性时间分配

采购部门的工作内容	所占用的时间比例（％）
选择供应商	15
谈判	20
价值分析	15
品质改善	15
寻找替代来源	15
推销员访谈	10
文书作业	5
电话联络	5

四、商品采购制度

采购制度是指企业对采购工作的管理，究竟采取中央集权方式的"集中制"，还是地方分权式的"分散制"，抑或兼采分权与集权的混合方式的"混合制"。当然，采购管理方式的决策与该企业的规模、地理条件、产品种类等皆有密切关系。换句话说，企业规模越小、分支机构分布越邻近、产品种类越相似、采用集中制的机会越大；反之，则采取分散制或混合制。

（一）集中制采购制度

将采购工作集中于一个部门办理，一般情况下，总企业各部门、分企业及各工厂均无采购权责。下面分别介绍集中制采购制度的优缺点及适用状况：

1. 优点

（1）价格优惠。集中采购可以使采购数量增加，提高与卖方的谈判力量，比较容易获得价格折让和良好的服务。

（2）管理统一。只有一个部门开展采购，因此采购方针与作业规划比较容易统一实施。

（3）节约成本。采购功能集中，可以精简人力，利于人才培养与训练。推行专业分工，可以使采购作业成本降低，效率提升。建立各部门共同物料标准规模，除可简化种类、互通有无外，也可减少检验工作。

（4）统筹规划。可以统筹规划供需数量，避免各自为政，产生过多的存货，并且各部门的过剩物资，也可以相互转用。

2. 缺点

（1）采购流程过长，延误实效；零星、地域性及紧急采购状况难以适应。

（2）非共同性物料集中采购，并无数量折扣利益。

（3）采购与使用单位分离，采购绩效比较差。例如，规格确认、物品转运等费力耗时。

3. 适用条件

（1）企业产销规模不大，采购量比较小，全企业只要一个采购单位来办理，即可充分满足各部门的需求。

（2）企业各部门及工厂集中一个地方，采购工作并无因地制宜的必要。或采购部门与需求单位虽然不在同一个地方，但是因为距离并不遥远，采购工作集中由一单位办理，不至于影响需求实效。

（3）企业虽然有多个生产机构，但是产品种类大同小异，集中采购可以达到"以量限价"的效果。

图3-4显示某百货企业各营业部所需的货品，均由商品部办理，即为集中采购制度。

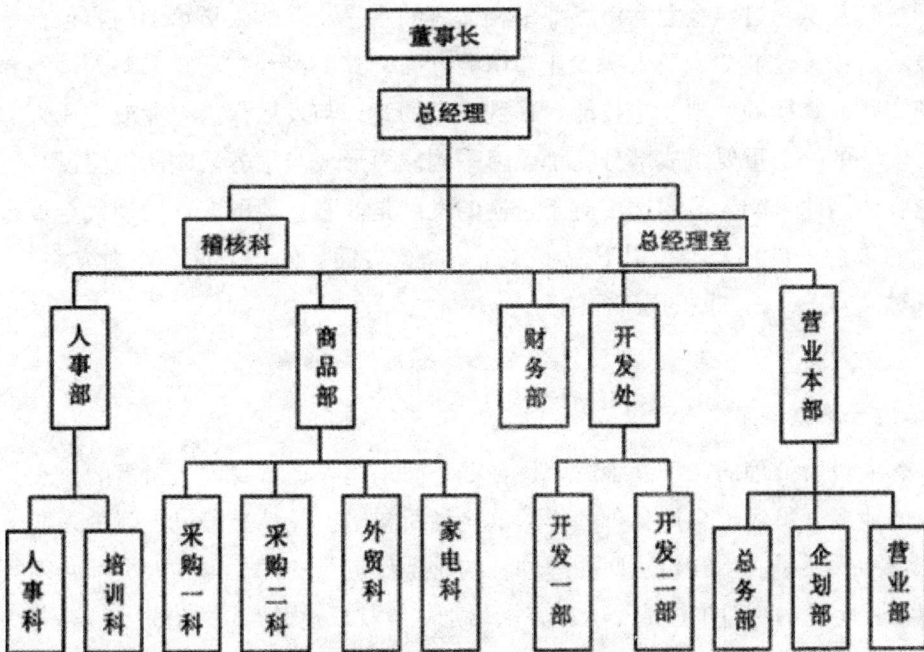

图3-4　某百货企业组织系统

（二）分散制采购制度

它是将采购工作分散给各需求部门自行办理。此种采购制度通常适用于规模比较大、分布比较广的企业。如果采用集中制，容易产生迟延，不易应付紧急需要，且采购部门的联系相当困难，采购作业与单据流程显得漫长复杂。

除了上述地理因素造成采购分散制的理由外，若散布各地的工厂，在生产设备、贮藏设施、社区的经济责任等，具有独特的差异性时，也以采用分散制较为适宜。

（三）混合制采购制度

兼取集中、分散制的优点而成。凡属共同性物料、采购金额比较大、进口商品等，均集中由总企业采购部办理；小额、因地制宜、临时性的采购，则授权分企业或各工厂执行。

五、商品采购人力资源管理

（一）采购人员素质要求

采购人员必须具备与工作复杂性相适应的素质和能力，要通过专业化的工作和能力培训达到甚至超过与企业和市场要求相适应的水平。采购人员培训内容包括个人素质与技巧、相关专业知识及采购专业知识等方面，其中谈判技巧是采购人员需要通过培训和实践而掌握的一项基本技能。采购人员的管理与发展作为企业或企业人力资源管理与发展的一个重要组成部分，是保障采购能力形成与培养采购队伍建设与发展的基本内容，因此采购人员的选用对于企业的发展是非常重要的。作为现代企业来讲，选择好的采购人员主要考虑以下三个方面：品德方面、知识方面、能力方面。表1-5列出了对采购人员三方面的素质要求。

1.品德方面

1）志士不饮盗泉之水

采购人员所处理的"订购单"就是金钱，而采购人员本身就是财富的代表。拥有采购权的业务人员经常会被各种各样的供应商所包围。无论是通过人际关系向采购人员打感情战，还是利用红包、回扣等种种物质条件进行利诱，采购人员都必须廉洁，不能以牺牲企业的利益来换取个人财富的增加，"君子爱财，取之有道"，违背法律、道德的做法终将害人害己。企业在选择采购人员时一定要对候选人员进行这一方面的考察。只有拥有正直人格的人才能给企业带来财富，才是企业宝贵的人力资源。

2）敬业精神

敬业精神是从事任何工作的人员都必须具备的优良品质，采购人员也不例外。大家都知道拥有敬业精神是做好本职工作的基本要求，再有才华的人也只有在这一精神的指引下才能做出成绩。采购人员的敬业精神会直接影响企业的供应情况。良好的敬业精神可以保证企业供应的稳定，从而保证生产的顺利进行。

3）虚心、诚心、耐心

在采购人员和供应商打交道的过程中，采购人员往往占据主动地位，拥有局面的控制权。但是采购人员对供应商的态度一定要保持公平互惠，甚至要做到不耻下问，虚心求教，不可趾高气扬、傲慢无礼。不耻下问可以使我们尽可能多地掌握采购物品的相关知识，提高采购质量。诚心、耐心可以使我们与供应商建立良好的合作伙伴关系，为供应链的管理做好铺垫。与供应商的谈判过程充满了艰辛，这要求采购人员要有足够的耐心，有良好的涵养。只有虚心和耐心地同供应商谈判，才能"欲擒故纵"，才能"稳坐军中账"。只有诚心诚意地与供应商交往，才会换来对方的合作，达到自己的目的。

2. 知识与能力方面

知识和能力既是相辅相成又是相互独立的。知识是能力的强大后盾，能力是知识的反映。作为采购人员，只有专业知识是远远不够的，参加实践的能力才是为企业带来财富的根源。不同级别、不同岗位的采购人员对知识和能力的要求是不同的。

（二）采购人员招聘

采购人员招聘原则同整个企业员工招聘原则相同。通常来说采购部门的招聘都是由企业的人力资源部门统一进行的，但是在一些企业中，总经理也授权给企业的部门主管，由其负责进行部门内部人员的招聘。

1. 招聘的原则

由于员工招聘成功与否对企业生存和发展非常重要，所以在日常员工招聘过程中应该体现以下几个原则：

（1）高素质和多样性的原则。

（2）效率优先的原则。

（3）公平竞争、择优录用的原则。

（4）内部优先的原则。

2. 招聘方法与渠道

为了避免录用不合格的候选人，企业必须寻找和利用各种应聘者来源。企业可以通过刊登广告或求助于职业介绍所，但要招聘到最优秀的人才，必须更加别具匠心。有时为了找到最有价值的东西，不得不进行深层次的挖掘。

我们通常可以利用的招聘渠道有：

（1）内部征召

内部征召是指吸引现在正在企业任职的员工，填补企业的空缺职位。它是企业重要的征召方法，特别是对于企业管理职位来说，是最重要的应聘者来源，如在美国，有抽样调查资料显示，90% 的管理职位是用内部征召的方法来填补的。内部征召这一方法的使用，是通过不同的渠道来完成的。

①内部提升。当企业中比较重要的职位需要招聘人员时，让企业内部符合条件的员工从一个较低级的职位晋升到一个较高级的职位的过程就是内部提升。

②职位转换。将员工从原有的职位调到同层次或下一层次的空缺职位上去的过程称为职位转换。

（2）外部征召

外部征召的方法多种多样，当企业需要大量员工时，外部征召是必然的选择。其主要渠道有：

①刊登广告。

②员工推荐。

③顾客推荐。

④大学校园招聘。

⑤在线招聘。

⑥就业机构。

⑦专职猎头机构。

（3）不同征召渠道的选择

选择什么样的征召渠道与职位的类型、级别、企业的规模等有很大的关系。技能及管理层次越高的职位，越需要在大范围内进行征召。发达国家的一些研究表明，职位的类型是决定使用哪一种征召来源的重要因素。调查显示，对管理职位来说，使用最多的是内部征召、报纸广告，其次就是私人就业机构；对于专业和技术职位来说，使用最多的是校园征召，其次是报纸和专业杂志广告，再次就是私人就业机构；对销售人员的征召，企业使用最多的是报纸广告。

针对我国的情况，对于大多数企业来说，如果是集中征召一批人员，通常采用广告、校园征召、人才交流等渠道，而员工推荐则作为补充渠道或补充特殊人才渠道。

3. 甄选

企业要把合适的人选安排到工作的职务空缺中去，为此，不但要求招聘过程按照一定的程序进行，而且要求企业借助于科学可行的选拔方法。现代企业员工甄选的方法非常多，有效的基本方法有以下几种：

1）对申请者的背景调查

根据求职者的求职申请表对申请求职者首先进行必要的背景调查，是企业了解申请者的教育经历、工作履历、个人品质、人际交往能力、工作能力以及申请者原来所在单位录用其理由的重要渠道。但是，一般来讲，背景调查均是通过官方材料和档案来进行的，只有原单位认真客观地记录和尽力配合才能获得真实的信息，只有这样，背景调查才能在企业对申请人的初选中起到积极作用。

2）心理测验

在甄选员工时，为了能够准确判断应聘者的气质、思维敏捷性、特殊才干等，经常采用心理测试的方法。从内容上分，心理测验可划分为智力测验、个性测验和能力倾向测验三种。能力倾向测验具体又包括特殊能力测验和心理运动机能测试两种类型。

3）情景模拟

情景模拟是指根据被试者可能担任的职务，编制一套与该职务实际情况相似的测试题目，让被试者处理可能出现的各种问题，以此来测评应聘者的心理素质、潜在能力的一系列方法。情景模拟可以为企业选择到最佳人选，为企业节省培训费用，也使被试者得到了一次实际的锻炼。情景模拟的内容包括：公文处理、与人谈话、无领导小组讨论、角色扮演和即席发言等。有些可以量化的情景模拟内容，还可以搬到计算机上来进行，如模拟一个工厂的生产经营系统。情景模拟一般不可能大规模使用，如果使用也只是在高层次的管理人员和特殊的专门人员的甄选上，原因在于其高昂的成本。

4）笔试

通过笔试了解被测试者的知识广度和知识深度。在我国企业的员工招聘中，笔试历来被广泛应用。笔试的优点是：公平、费用低、迅速、简便；不足是过分强调记忆力，不能全面考察应试者的工作态度、品德修养、管理能力、口头表达与操作能力。因此，其往往只在应聘者的初次甄选中使用，成绩合格者才能参加面试或下一轮测试。

5）面试

甄选进入到最后一轮都会有一次面谈，有时甚至随着主考官的不断变化安排好几次面谈。面谈可能通过交流和观察等来了解应聘者的个性特点、态度、随机应变能力、形象、气质等方面的特性，从而挑选到合适的人员。有研究表明，面谈中从应试者面部表情中获得的信息量可以达到50%以上，但是面谈也存在一些不足，甄选时间长，费用偏高，主观偏见难以避免等。

（三）培训与开发

1. 员工培训需求分析

员工培训需求分析是有效实施培训的前提条件。如果培训需求分析正确，就能保证制订符合实际情况的培训方案，选择适当的培训方法，所以，这是企业进行员工培训必须首先做好的一项工作。企业员工培训需求分析应从三个方面进行，即企业、工作和个人。只要三者中的任何一个方面在需求上出现问题，就要提出培训要求。

（1）企业的培训需求分析

①组织结构和组织行为等现状。一是维持当前生产经营活动的手段、组织结构和组织行为等现状，维持当前生产经营活动所需人员数量、年龄及素质。二是企业当前的人力资源状况，包括数量、年龄结构、知识结构、出勤率、离职率等，企业人力资源现状与实现组织目标的差距。

②企业未来的状况预测。企业在将来某一时期的发展目标，采用的生产技术手段，实现这些发展目标所需要的人力资源数量、类别和素质，以及未来企业将面临的外部环境，包括产品市场状况、劳动力市场状况等。通过这些分析，企业的人力资源部门可以找出实现企业目标和企业人力资源状况两者之间的差距，进而确定哪些差距可以通过培训来解决，以及培训的项目和内容。

（2）工作任务的描述和需求分析

这项描述和分析将说明每项工作的任务要求、能力要求和对员工素质的要求等。通过对工作任务描述和需求分析，使每个人都能够认识到接受一项工作的最低要求是什么，满足了这些要求的员工才能上岗，否则就要对其进行培训。因此，职位分析是确定培训内容的重要依据。

（3）个人需求分析

分析员工从事现任职位的要求与实际工作能力之间的差距，通过分析可确定"谁需要接受培训？""需要哪种培训？"使存在差距的员工通过培训能力得以提高。

在分析时可通过下面简单的公式来进行：

培训需求 = 需要达到的工作绩效 - 实际工作绩效

需要达到的工作绩效可由企业提出的绩效标准来确定，个人的工作绩效可通过员工个人提供的实际工作绩效数据，以及对员工的考核评价来反映。需要指出的是，以上对培训需求分析应是一个连续的过程，要形成制度，定期进行。

2.确定员工培训计划

员工的培训对象可分为三类，即工人、工程技术和专业人员、管理人员。为了最大限度提高员工培训的投资效益，企业必须根据发展的需要和个人的具体情况，合理地确定培训对象。确定培训对象时要考虑这样几个原则：第一，急需原则。即企业迫切需要一部分员工改进目前的工作或掌握新的知识和技术，以利于提高组织的效率，对这部分员工的培训应优先考虑。第二，关键性原则。企业对关键技术人员和管理人员应优先予以培训。第三，长远原则。根据企业中、长期人力资源的需求分析，对企业在未来发展中需要的合适人才，可先期进行培训，以使他们掌握一些新技能和新知识。

（1）员工培训内容

员工培训的内容涉及面较广，应根据培训对象的不同确定培训内容。具体来说，员工培训内容可归纳为以下一些方面：

①有关企业文化方面的内容。

②企业、行业及有关岗位所需要的知识和技能方面的内容。

③有关一般文化知识的普及和提高方面的内容。

④有关协调人际关系方面的内容，如冲突的处理、团队工作关系等。

⑤有关知识更新、本行业中最新科学技术方面的内容。

⑥有关现代管理知识和技能方面的内容。

⑦有关健康保健、休闲活动的内容。

（2）选择员工培训的类型与方式

员工培训视企业各类人员的不同而有所不同。一般说来，有以下一些类型：

①新员工入门培训和上岗前培训

这是对刚刚进入企业的新员工所进行的专门培训。新员工入门培训，主要是向新员工介绍企业的基本情况、企业的规章制度、企业文化、企业的发展前景等，帮助新员工适应企业的需要，实现从学生到企业员工的角色转换。这种培训一般由人力资源部门统一安排，不需要采购部门单独进行。

②员工上岗后的适应性培训

适应性培训，是指在岗位的员工为不断适应工作要求而进行的培训，它是企业对所有员工进行的日常性培训，可以定期，也可以不定期。适应性培训的内容包括：一是根据工作分析和岗位职责的规定和要求，对任职者进行的有关岗位知识、工作态度、职业道德等方面的培训。通过培训使员工提高素质，适应本职位的要求。二是对员工进行本岗位新知识、新技能、新方法和新观念，以及相关领域的辅助性知识和技能的培训。适应性培训的内容、时间和方法可以根据企业的具体要求灵活地掌握。

（3）专业技术人员培训

在企业中，各类专业技术人员都需要定期培训。这是因为，在科学技术飞速发展的时代，各类专业知识、技能不断更新，各种先进的技术手段层出不穷，如果忽视对专业技术人员的培训，专业技术人员就不能很好地适应组织发展的需要。在专业技术人员的培训中，尤其要重视培养他们解决实际问题的能力和处理人际关系的能力，帮助专业技术人员将知识运用于生产与经营过程，并且善于在组织中与同事互相协作，多出成果。

（4）管理人员培训

管理人员培训，包括高层管理人员培训、中层管理人员培训、基层管理人员培训。高层管理人员培训主要由人力资源部门负责，采购部门中层和基层管理人员的培训则可由本部门负责。事实上，即使是由人力资源部门负责此类培训的企业也必须注重采购部门的培训。

以上这些培训可通过不同的方式进行。培训的方式主要有两大类，即在职培训与离职培训。所谓在职培训，是指员工不脱离岗位，利用业余时间和部分工作时间参加培训，如各种类型的短训班，一般不超过一个月，重点是放在解决某一类问题上。这种短训班比较灵活，效果也好。在职培训的另一种方式就是在职学习。一般指利用晚上和周末的业余时间进行培训，时间也比较长。还有一种方式就是岗位轮换。岗位轮换可使员工了解企业的整体活动和各部门的关系，掌握相关的知识和技能。所谓离职培训，是指员工离开工作岗位，专门学习某些专业知识或技能。离职培训可采取到高校学习、到国外学习、到外单位培训或在本单位培训等方式。离职培训的时间一般从几个月到几年不等。离职培训的内容有：攻读学位、新技术培训、管理知识技能培训等。

不管采用哪种方式进行培训，企业都应当重视将技术培训与管理培训相结合；将工作技能培训与工作态度培训相结合；将当前工作需要与未来工作需要相结合；将企业目标与员工个人目标相结合。

3. 选择员工培训的方法

员工培训作为人力资本投资的一种方式，要投入一定的金钱、时间和精力。如果培训的方法不当，就很可能导致员工对培训的积极性不高。所以，企业必须努力探索出见效快、易掌握的培训方法。下面介绍一些常用的培训方法，供企业在不同的培训中灵活运用。

（1）讲授法

这种方法是通过教师的语言表达，系统地向学员传授知识。它是员工培训中应用最普遍的一种方法。

这种方法的优点：有利于系统地讲解和接受知识；容易掌握和控制学习进度；培训费用相对较低；可同时对许多人进行培训。

这种方法的缺点：讲授内容具有强制性；学员无权选择学习内容；缺乏实际操作的机会。

（2）视听法

这种方法是利用幻灯、电影、录像、录音等视听教材进行培训。

这种方法的优点：因为它是利用人体的某些感觉去体会，比单纯讲授给人的印象更深刻，更易于理解；此方法生动形象，给学员一种亲切感，容易引起学员的兴趣；视听教材可以反复使用，从而可以更好地适应学员的个体差异和不同水平的要求。

这种方法的缺点：视听设备和教材的购置要花费较多的费用和时间；不太容易选择合适的视听教材；学员要受视听教材和视听场所的限制。

（3）案例研究法

管理案例是对企业过去实际发生情况的描述。案例研究就是让学员对过去发生的情况做诊断或解决问题。

这种方法的优点：它可以启发学员的思路，提高学员分析问题和解决问题的能力。

这种方法的缺点：要求学员要具有一定的知识基础，并运用已有的知识分析问题。

（4）讲座法

这种方法是通过学员之间的语言交流来解决问题，巩固和提高所学的知识。

这种方法的优点：学员能主动提出问题，表达个人的感受，有助于激发学员的学习兴趣，在讨论中互相取长补短。

这种方法的缺点：不利于学员系统掌握知识；讨论题选择的恰当与否，直接影响培训效果。

（5）角色扮演法

角色扮演，借助角色的演练来理解角色内容，从而提高解决问题的能力。

这种方法的优点：有助于训练基本技能，培养工作中所需要的素质，培训费用较低。

这种方法的缺点：不适于对各类人员的培训。

（6）岗位轮换法

这种方法是使受训者在不同的职位上轮流工作，以使其全面了解整个组织的不同工作内容，得到各种不同的经验，为今后在较高层次上任职打好基础。

这种方法的优点：对受训者提供一个全面锻炼的机会，增加了工作经验。

这种方法的缺点：由于受训者没有实际的权力，因此，不能像真正任职者那样负起责任；由于轮换的时间不够长，难以证明他们今后有工作成效；有时在轮换培训结束时，没有合适的职位可安排。

（7）设立"助理"职位法

在一些管理职位上设立助理职务，让受训者与有经验的人一起工作，这样可以使受训者增加工作经验，促进助理的成长，直到能够独立承担全部职责。

此外，还有敏感性训练、商业游戏、计算机辅助指导等方法。企业可以根据参训人数和层次、培训项目和培训经费预算，以及本单位已有的培训资源，选择不同的培训方法。

通过上面的一系列工作，企业确定了具体的培训内容和方法，就可以制定合适的、有效的和可操作的培训计划，并付诸实施。

第二节　采购商品的质量管理

一、商品质量的内涵

（一）质量的概念

关于质量的定义可分为广义和狭义两种：狭义的质量定义是特定使用目的所要求的商品各种特性的总和，即商品的自然属性的综合。广义的质量是商品能适合一定用途要求，满足社会一定需要的各种属性的综合，即商品的符合性和社会适用性相结合。适用性是从用户出发的，但是适用性过了头，质量就无法控制。符合性是从厂家出发的，但符合性不能不适应商品的革新和市场变化的需求。所以将适用性与符合性两者结合起来看待问题才是比较科学的。

过去相当长的时间里，人们对质量的研究多是狭义的。随着社会的发展、商品的丰富，人们的消费需求呈现多样化趋势，商品的社会质量方面的因素越来越被重视，因此，研究广义的商品质量更具有现实意义。广义的商品质量概念应包括以下四个方面内容：

（1）质量的基础是商品具有能够满足规定或潜在需要的各种质量特性。

（2）质量是动态的。由于时代进步，科技、经济的发展，消费者的需要或规定也会相应变化和发展，这就必然对商品的质量特性提出更高的要求，商品质量也会发生相应的变化。

（3）商品质量是客观的。商品质量是受社会生产力和经济水平制约的。商品质量又是由客观存在的各种质量指标及属性决定的。

（4）商品质量的评价具有主观性。它取决于人们选取的衡量质量优劣的水平基准。每个人都可以从自己的角度（不同的社会地位、不同的收入水平、不同的文化素质和不同的心理状况等），对商品质量做出不同的评价。

（二）商品质量的构成

1. 商品的内在质量（自然质量）

商品的内在质量是商品的各种物质属性的综合，包括商品的实用特性、寿命、可靠性、安全性与卫生性等。例如，保温瓶的材料、容水量、重量、耐温差性、耐水性及保温效能等。它可以分为静态的内在质量和动态的内在质量。静态的内在质量是商品在不使用情况下呈现出的质量性能。如商品的成分、形态、规格、结构、缺陷等性质的综合。动态的内在质量是指商品体形成后，在外界环境条件的影响下会发生变化的性能，这由商品体的可变的理化、生物性因素所决定的。如商品的机械性能、热性能、食品的营养价值等表现为在使用或储存条件下的质量性能。

2. 商品的感观质量

商品的感观质量是人们利用感觉器官对商品的色彩、质地、音色、新鲜度等所做出的直观测定。

3. 商品的社会性质量

商品的社会性质量是指商品从生产、流通直到消费及废弃阶段，满足全社会利益所必需的特性，它反映了商品使用价值对社会和社会环境的依赖与适应。如不污染自然环境、节约有限的能源及其他资源等。

（三）商品质量特性

商品的质量特性是指满足人们某种需要所具备的客观要求、属性和特征的总和，能够反映消费者对商品的明确或潜在的要求。例如，方便、舒适、安全、卫生等用语言表达的意思，但如果不能把它们转化为技术经济语言或衡量尺度，就无法实现对商品质量的有效管理和监督，因此，必须把质量用可定量的具体质量特性值体现出来。一般来说，表示每种商品的质量，常常要用很多质量特性来表示。每种质量特性对商品质量都有一定的贡献。在商品质量评价和管理过程中，没有必要考察其质量所包含的一切特性并将各种特性同等看待，而应该依照其实际用途权衡轻重，尽量简化，选择少数（通常以 3~5 种为宜）对商品质量起决定作用的特性，按其重要程度分别赋予不同的权重，加权综合成消费者真正期望的质量。

（四）商品质量指标

根据不同的实用要求和实用目的，商品质量特性通常用各种数量指标来表示，这些数量指标称为质量指标。由于商品的复杂性和多样性，商品质量指标很多，在实践中主要有以下几方面：适用性指标（用途指标）、工艺性指标、结构合理性指标（包括商品的可修理性、零部件互换性及人体工程学等方面指标）、卫生安全性指标、可靠性指标、经济性指标、使用寿命指标、商品质量均一性指标、生态环境指标、美观指标等。这几方面的质量指标构成了对现代商品质量的基本要求。它们相互补充，相辅相成，不可或缺。

二、质量管理

（一）质量管理的含义

质量管理是指确定质量方针、目标和职责并在质量体系中通过诸如质量策划、质量控制、质量保证和质量改进使其实施的全部管理职能的所有活动。根据这个定义，其具体含义为：

（1）质量管理是组织全部管理的一个重要组成部分，它的职能是制定并实施质量方针、质量目标和质量职责。

（2）质量管理是以质量体系为依托，通过质量策划、质量控制、质量保证和质量改进等活动发挥其职能。这四项活动是质量管理工作的四大支柱。

（3）组织的最高管理者领导整个质量管理工作，并对其结果负全责。各级管理者都有相应的质量管理职责。

（4）质量管理过程涉及组织中的每一个员工，因此，质量管理是"全员性"的。

（5）在质量管理的全过程中，必须考虑其经济性。

（二）商品质量管理发展概况

商品质量管理的发展大体经历了检验质量管理、统计质量管理和全面质量管理三个发展阶段。

1. 检验质量管理阶段

1911 年，美国机械工程师泰勒（F，W，Taylor）提出了企业应实行质量检验的管理方法，即将企业的活动分为计划和执行两个职能，设立专职检验人员以加强产品质量检查。这样，就把 20 世纪以前原来操作者本身同时承担的质量检验转到管理者身上，使产品检验从生产制造过程中分离出来，成为一道独立的工序。以后，随着生产规模不断扩大，质量检验职能又由管理者转给专职的检验人员来承担，从此，专职的检验机构出现了。专职检验的特点是"三权分立"，即有人专职制定标准；有人专职负责执行；有人负责按照标准检验。从 20 世纪初期到 40 年代，主要以这种质量管理思想进行产品质量控制，也就是按既定质量标准要求对产品进行检验；管理对象限于产品本身的质量；管理领域局限于生产制造过程。因此，其存在着许多缺点：一是检验质量管理是一种消极防范型管理，依靠事后把关，杜绝不合格产品进入流通领域，无法在生产过程中起到预防、控制作用；二是出现问题容易扯皮、推诿；三是要求全部检验，在经济上不合理。

2. 统计质量管理阶段

20 世纪 30 年代前后，由美国贝尔电话研究所工程师、统计学家休哈特（W·A.Shewhart）提出了"统计过程控制"（SPC）概念，并创作了质量控制图，统计质量管理方法开始推广。其基本思路是根据某种过去情况来预测它将来的变化，从而进行管理，使其处于统计管理状态。这种方法用于质量管理，主要是按照商品标准，运用数理统计原理从设计到制造的生产工序间进行质量控制，预防产生不合格产品；管理对象包括产品质量和工序质量；管理领域从生产制造过程扩大到设计过程。统计质量管理是一种预防型（事先监控型）管理，依靠生产过程中的质量控制，把质量问题消灭在生产过程中，而且能定量地分析研究和预测产品质量的变化。此阶段质量管理已从单纯的依靠检验把关，逐步转为检验把关和工序质量控制预防两者并重。但是，由于过分强调质量控制的统计方法，加之数理统计方法理论的深奥，在一定程度上限制了它的普及推广。

3. 全面质量管理阶段

第二次世界大战后，美国著名的质量专家戴明（W，Edwards Deming）运用称之为全面质量管理（TQM）的思想帮助日本重建经济。20 世纪 60 年代初，美国学者朱兰（J.Juran）和费根堡姆（A.Meigenbaum）提出了全面质量控制（total quality

Control，简称 TQC）的理论，并分别出版了《质量控制手册》和《全面质量控制》等著名质量管理著作，丰富了全面质量管理理论，世界各国积极推行全面质量管理。全面质量管理是一种全面、全过程、全员参与的积极进取型管理，其特点是：第一，全过程管理。它把满足消费者或用户需要放在第一位，运用以数理统计方法为主的现代综合管理手段和方法，对商品开发、设计、生产、流通、使用、售后服务及用后处置的全过程进行全面管理；防检结合，以防为主，重在分析各种因素对商品质量的影响。第二，全面质量的经济管理。它既管产品质量，又管工作质量、工序质量；不仅要保证产品质量，还要做到成本低廉、供货及时、服务周到。它要求追求价值和使用价值的统一，质量和效益的统一，用最经济的手段生产用户满意的产品。第三，它强调依靠与商品使用价值形成和实现有关的所有部门和人员来参与质量管理，实行严格标准化；不仅贯彻成套技术标准，而且要求管理业务、管理技术、管理方法的标准化。

全面质量管理是一种全面、全过程、全员参与的积极进取型管理，强调调动人的一切积极因素，根据系统论的观点把管理对象看成一个整体，分析系统各要素相互联系、相互作用的相关性，采取相应对策，使商品的设计、开发、生产、流通和消费的全过程均处于监控状态，从而保证商品质量符合消费者或用户需要。

三、采购商品的质量管理方法

（一）质量管理常用的统计控制方法

统计质量控制，就是依据数理统计的原理，对产品质量进行控制。统计质量控制的简要过程如下：运用数理统计方法，把收集到的大量质量信息、数据和有关材料进行整理和定量分析，发现问题，采取对策，及时处置，从而达到控制质量、预防不合格品出现、提高质量的目的。上述过程的实现一是靠大量调查；二是靠有足够的信息和数据；三是及时做出质量判断。

由此，全面质量管理的过程，也可以视为对数据进行收集、整理、分析、判断、处理（采取措施）和改进质量的过程。

数据统计是反映数据（商品质量数据）在某一时刻或某一小段时间内静止状态的方法，一般用直方图、排列图、因果图、调查表等来反映。

1. 直方图

此方法，将收集到的大小不均、杂乱无章的计量值数据进行整理，找出数据的分布中心及散布规律，以判断质量是否稳定，预测不合格率，提出改进质量的具体措施。

2. 排列图

影响产品质量的原因错综复杂，排列图是找出影响产品质量主要原因的一种有效的统计方法。它的应用面较广，如后勤工作、节约问题、安全问题等均可利用该方法来找出。此外，它还可以用来检验改进措施是否有效果。

3. 因果图

因果图也称为树枝图、鱼刺图、特性要素图等。商品质量管理过程中对故障品（或缺陷品），应实地考察或亲自过目。为了寻找产生某一质量问题的原因，须进行现实的有价值的因果推想。当推想所需的资料数量较少时，可从列有推想所需的资料的清单上得到。当推想所需的资料数量较大且复杂性增大时，则须对推想清单进行有序整理。通过识别可能的主要变量，将清单压缩整理，或以表格形式分类排列。

4. 调查表

调查表亦是数据整理和原因分析的一种工具。为了了解质量状况，需要收集许多数据，并将可能出现的原因及其分类预先列成"调查表"，检查时在相应的分类中进行统计及做简单原因分析，为以后决策提供依据。

根据使用目的不同，可使用不同的调查表，常见的有：缺陷位置调查表、不合格项目调查表、不合格原因调查表、商品布局调查表等。

5. 管理图

管理图是研究数据随时间变化的统计规律的动态方法，通过管理界限进行质量分析和控制。

管理图可分为计量值管理图与计数值管理图两种。前者用于管理计量指标的产品，如长度、重量、时间、强度、成本、得率等连续量，常用的有 X-R 管理图、L-S 管理图、S-R 管理图等。后者用于管理计数指标的产品，如不合格品数、不合格品率、缺陷数、单位缺陷数等离散量，常用的有 Pn 管理图、P 管理图、C 管理图、u 管理图等。

6. 散布图与回归直线

上述方法是对一个变量（母体）进行分析的统计方法，对于两个变量之间的相互关系，可用散布图、回归直线进行统计处理。

（1）散布图。由两个变量产生的两种数据画成的坐标图称为散布图。从散布图中可清楚地看出两个变量之间的线性关系。

（2）回归直线。研究两个或几个变量之间的关系称为回归分析。回归分析的应用包括展望与预测，通过分析，确定影响某一结果的各种重要变量以及各种最佳操作条件。

（二）商品质量管理的基本方法

1.PDCA 循环

美国质量管理专家戴明博士在阐述质量管理方法时提出"计划（Plan）—执行（do）——检查（Check）——处理（action）"4 个阶段为一个循环，称为 PDCA 循环或戴明循环 CPDCA 循环作为质量管理的科学方法，适用于企业各个环节、各个方面的质量管理工作。PDCA 循环 4 个阶段的基本工作内容如下：

（1）计划阶段(P).其任务是制定计划。根据存在的问题或用户对产品质量的要求，找出问题存在的原因和影响产品质量的主要因素，以此为依据制定措施计划，确定质量方针、质量目标，制定出具体的活动计划和措施。

（2）执行阶段（D）。此阶段任务是执行计划。按照 P 阶段的计划和标准规定具体实施。

（3）检查阶段（C）。此阶段任务是检查计划的实现情况，调查执行计划的结果。将工作结果与计划对比，得出经验，找出问题。

（4）处理阶段（A）。此阶段任务是把执行的结果进行处理总结。把 C 阶段执行成功的经验加以肯定，纳入标准或规程，形成制度，以便今后照办；对失败的教训也要总结，以后不再那样做；遗留问题转入下一个 PDCA 循环。

2. 质量环

质量环又称质量螺旋，是指从识别需要到评定这些需要是否得到满足的各阶段中影响质量相互作用活动的概念模式。它开始于市场营销和市场调研，对市场的需要进行识别，根据市场的需要进行产品的开发和设计。同样，它结束于市场营销和市场调研，根据市场对其产品的反馈信息，评价市场的需要是否已得到满足。因此，质量环反映的是一个连续不断、周而复始的过程，通过不断地循环，实现持续的质量改进。

（三）采购商品质管理的趋势

1. 宏观质量管理与微观质量管理趋于统一

商品质量的宏观管理是政府对商品质量的管理、调控，其对象是整个国家或地区或整个有关商品质量规划、形成和实现的全过程；商品质量的微观管理指企业的生产经营过程中的质量管理的全过程。从根本上看，两者的最终目的都是使商品质量满足消费者和用户要求，并力求使生产和流通的消耗尽可能少，给消费者和用户造成的损失尽可能少。但是两者的目标、作用范围和作用手段却不相同。

2. 共同的质量保证体系已经建立

当前,国际市场竞争中,质量竞争是其主要内容。为了保证商品质量,开拓商品市场,应把企业所有的人都纳入质量管理的活动范畴,建立共同的质量保证体系。

3. 质量管理进入法制管理的轨道

法律、法规是保障质量管理正常运行的基本条件,依法管理是质量管理工作的特征之一。运用质量法规有效地管理和保证商品质量,保护消费者合法权益,是国际上和各国政府解决商品质量问题的重要途径之一。商品质量法规主要有产品责任法和产品质量法:产品责任法是具体规定由于产品缺陷造成消费者或用户的人身或财产损失时产品生产者或销售者与消费者之间权利义务的法律关系。产品责任法是强制性法规,只要证明投放市场的商品有缺陷,并且这个缺陷对购买该商品的消费者造成人身或财产方面的损害,该产品的生产者和销售者就要负民事侵权责任。国际公约中有《产品责任法律公约》(1973)、《关于人身伤亡产品责任欧洲公约》(1976)等,并逐渐形成了国际责任法律制度。现在许多国家又制定了与产品责任法相配套的一系列质量法规,如食品卫生法、药品管理法、产品质量法等以加强商品质量的管理和监督。

4. 现代技术在质量管理中得到广泛应用

现代商品种类繁多,科技含量提高,有些高精度、高可靠性产品的设计,涉及大数量的设计参数。在世界先进国家中,信息技术在质量管理领域已得到广泛的应用。计算机已成为质量管理的重要工具。

四、采购商品的检验与验收

(一)商品检验的概念与种类

1. 商品检验的概念及含义

检验是对产品或服务的一种或多种特征进行测量、检查、试验、度量,并将这些特性与规定的要求进行全面比较以确定其符合性的活动。商品检验就是根据商品标准和合同条款规定的质量指标,确定商品质量高低和商品等级的工作。

商品检验的主体是商品的供货方、购货方或者第三方。

商品检验的对象是商品的各种特性,如商品的质量、规格、重量、数量以及包装等方面。

商品检验的依据是合同、标准或国际、国家有关法律、法规、惯例等对商品的要求。

商品检验的目的是在一定条件下,借助科学的手段和方法,对商品进行检验后,做出合格与否或通过验收与否判定；或为维护买卖双方合法权益，避免或解决各种风险损失和责任划分的争议，商品交接结算而出具各种有关证书。

商品的质量检验是商品检验的中心内容，狭义的商品检验是指商品的质量检验。

2. 商品检验的种类

商品检验的分类有多种方法。

1）根据检验对象的流向可分为内销商品检验和进出口商品检验

（1）内销商品检验，是指国内的商品经营者、用户及相关部门的商品质量管理机构与检验机构或国家技术监督局及其所属的商品质量监督管理机构与其认可的商品质量监督检验机构，依据国家法律、法规、有关技术标准或合同对内销商品所进行的检验活动。

（2）进出口商品检验，是由商检机构（即国家商检局在省、自治区、直辖市以及进出口商品的口岸、集散地设立的商检局及其分支机构）和国家商检局、商检机构指定的检验机构依照有关法律、法规、合同规定、技术标准、国际贸易惯例与公约等，对进出口商品进行的法定检验、鉴定检验和监督管理检验。

2）依据检验目的不同，可分为生产检验（第一方检验）、验收检验（第二方检验）和第三方检验三种

（1）第一方检验是商品生产者为维护企业信誉，达到保证质量的目的，而对原材料、半成品和成品商品进行的检验活动，检验合格的商品应有"检验合格"标识。

（2）第二方检验是商品的买方（如商业、外贸部门和工业）为了维护自身及其顾客的利益，保证其所购商品满足合同或标准要求所进行的检验活动。在实践中，商业或外贸企业还常常派出"驻厂员"对商品质量形成的全过程进行监控，及时发现问题，及时要求生产方解决。

（3）第三方检验是指处于买卖利益之外的第三方，以公正、权威的非当事人身份根据有关法律、合同或标准所进行的商品检验。其目的在于维护各方合法权益和国家权益，协调矛盾，促使商品交换活动的正常进行。第三方检验由于具有公正性、权威性，其检验结果被国内外所公认，具有法律效力。

3）按检验有无破坏性可分为破坏性检验和非破坏性检验两种形式

（1）破坏性检验是指为取得必要的质量信息，经测定、试验后的商品遭受破坏的检验。

（2）非破坏性检验是指经测定、试验后的商品仍能使用的检验，也称无损检验。

4）按检验商品相对数量可划分为全数检验和抽样检验两种形式

（1）全数检验是对被检商品逐个（件）地进行的检验，也称百分之百检验。它可

以提供较多的商品质量信息，给人以心理安全感，适用于批量小、质量特性少且质量不稳定、较贵重、非破坏性的商品检验，但应避免由于检验工作单调、检验人员疲劳所导致的漏检或错检现象。

（2）抽样检验是按照事先已确定的抽样方案，从被检商品中随机抽取少量样品，组成样本，再对样品逐一测试，并将结果与标准或合同技术要求进行比较，最后由样本质量状况统计推断受检商品整体质量合格与否的检验。它检验的商品数量相对较少，节约检验费用，有利于及时交货，但提供的商品质量信息少，有可能误判，因此不适用于质量差异程度大的商品批。若能避免抽样时可能犯的错误，其可靠性甚至优于全数检验。抽样检验适用于批量较大、价值较低、质量特性多且质量较稳定或具有破坏性的商品检验。

（二）采购商品的检验方式

《中华人民共和国产品质量法》第二十一条规定，销售者应当执行进货检查验收制度，验明产品合格证明和其他标识。《中华人民共和国消费者权益保护法》第五十条规定，经营者销售的商品应当检验、检疫；而未检验、检疫或者伪造检验、检疫结果的，《中华人民共和国产品质量法》和其他有关法律、法规对处罚机关和处罚方式有规定的，依照法律、法规的规定执行；法律、法规未作规定的，由工商行政管理部门责令改正，可以根据情节轻重处以警告、没收违法所得、罚款，情节严重的，责令停业整顿，吊销营业执照。

对采购商品检验，先核对品名、规格、型号、等级、交货批数，查看包装标志，检查包装是否安全、完好，然后，根据质量标准所规定的要求，对照测量报告，进行验收检验。

一般对工厂直接购进的商品，可以采取下列检验方式：

1，工厂签证，商业免检

工厂生产出的商品，经过工厂检验部门检验签证后，商业部门可以直接收货，免去检验程序。这种情况适用于产品质量稳定、生产技术条件比较好、工厂检验设备比较齐全以及管理制度较健全的企业。

2.商业监检（下厂验收），凭工厂签证收货

商业部门的检验人员对工厂的半成品、成品，甚至包括原材料等，在生产工艺全过程中进行监督检验，一直到成品包装、装箱后，才算完成监检任务。然后，商业部门可按工厂检验签证验收。此目的在于保证消费者对产品质量的要求。某些高档商品、有关人身安全和健康的商品，检验人员必须下厂监督检验，以确保商品质量，特别对出口商品，要求更要严格。

3. 工厂签证交货，商业定期抽验

质量较稳定的产品，工厂签证后便可交货，商业部门为确保质量，可定期或不定期地抽查产品质量。

4. 商业批验

这种检验对工厂的每批产品都要检验，合格者由商业部门收购。这种方法主要是对产品不稳定，检验设备、技术条件不健全的工厂的产品采用的。

5. 行业会检

行业会检又称联检。同行业中，对于多个厂家生产的同一种产品，工商联合举办行业会检，由双方联合组成的质量检查评比小组，定期或不定期地对同行业的产品，按质量标准要求进行全面评定。

6. 报检

生产部门主动向商业部门提出要求检验，商业部门可及时进行检验，这是决定是否要货的一种方式。

7. 库存商品的检验

对储存期间的商品实行定期检验，以防止由于质量的变化而影响商品的使用效能。

（三）进出口商品检验

随着全球经济的一体化，跨国采购成为采购工作中的重要部分。我国进出口商品检验工作由国家商检总局及所属各地商检局负责统一管理，专业性的检验机构负责有关专业产品的检验工作。如中华人民共和国动植物检验所、药品检验所、船舶检验局、卫生检疫所等，都是我国专业性的检验机构。

根据国家有关规定，国家商检总局及所属各地商检局的主要任务是：对进出口商品施行品质管制,管理进出口商品的检验工作,办理与对外贸易有关的各项公证鉴定（包括法定检验、监督管理和公证鉴定）工作。品质管制范围内的商品，即法定检验的商品，不经检验既不能进口，也不能出口。

1. 法定检验

法定检验是根据国家法律、法规，对指定的重要进出口商品执行强制性检验，非经检验合格不准出口或进口，以维护国家的信誉和利益。我国商检法规定，对重要进出口商品实施强制性的法定检验。商检部门根据合同或标准进行检验，签发检验证书，作为海关放行的凭证。

2. 公证检验

它与法定检验性质不同，不是强制性检验，而是凭对外贸易关系人（进口商、出口商、承运部门、仓储部门、保险公司等）的申请办理的。其工作范围和内容十分广泛，包括运用各种技术手段和经验，检验、鉴定各种进出口商品的品质、数量、重量、包装、积载、残损、载损、海损等实际情况，以及商品的运载工具、装卸等事实状态和其他有关业务是否符合合同、标准和国际条约的规定以及国际惯例的要求，进而做出检验、鉴定结论，提供有关数据，签发检验、鉴定证书或其他有关证明，以及有关对外贸易的其他鉴定工作。

3. 监督管理

监督管理的实质是国家商检机构对进出口商品检验工作实施统一管理，并对各地区、各部门的一切进口商品的质量检验进行监督管理和检验。商检机构或国家商检局、商检机构指定或认可的检验机构对企业申请使用认证标志或申请获得必要的进口安全质量许可、出口质量许可或卫生注册登记的进出口商品所实施的检验。只有检验合格，才可获准使用认证标志或者取得进口、销售、使用或出口资格。

（四）商品检验的步骤与方法

1. 商品检验的步骤及内容

商品检验大多无需或不能逐件或逐个（全检）检验，除一些价值昂贵的商品，如钻石、艺术品、古董等，现代商品一般按标准要求及选定的抽样方案，抽取规定的样本，再按合同或标准要求进行检验，最后以样本的质量情况推断整批商品的质量情况。商品质量检验工作程序通常包括：定标——抽样——检查——比较——判定——处理，主要操作内容如下：

1）定标

定标是指检验前应根据合同或标准，明确技术要求，掌握检验手段和方法以及商品合格判定原则，制定商品检验计划，并确定检验批。

检验批是指一次检验的所有商品构成的整体。正确确定检验批对于简化检验结果的处理工作，正确反映商品的质量有着重要的意义。

确定检验批必须遵循如下准则：

（1）同一检验批的商品必须是同品种、同规格、同花色、同进货批次；

（2）标有质量等级的商品，必须是同一质量等级。

2）商品抽样

商品抽样是按照事先规定的抽样方案，从被检批中抽取少量样品，组成样本，再对样品逐一进行测试，将测试结果与标准或合同进行比较。

3）检查

检查是在规定的环境条件下，用规定的试验设备和试验方法检测样品的质量特性。

4）数据分析

对检验所得数据的处理是商品检验过程中的一项重要工作。一般对非直观数据，规定用算术平均值或其他特定数据计算值表示。

5）比较与处理

比较是通过将检查数据分析结果同技术要求比较，衡量其结果是否符合质量要求，进而由合格判定原则判定商品是否合格，并做出是否接收的结论。处理是对检验结果出具检验报告，反馈质量信息，并对不合格品及不合格批分别做出处理。

2. 商品质量检验方法

商品质量检验的方法很多，一般有感官检验、理化检验和实用检验三种方法。这些检验方法在实际工作中，通常按照商品的不同质量特性进行选择和配合使用。

1）感官检验法

感官检验是在一定的条件下，运用人的感觉器官对商品的感官质量特性做出判断的评价和检验方法。它简便易行，快速灵活，成本低，特别适用于目前还不能用其他检验方法检验的商品，不具备组织其他检验方法的情况。其涉及的商品很多，如食品、药品、纺织品、化妆品、家用电器和化工商品等。但也存在不足，它受检验人员的生理、健康状况、技能、工作经验及客观环境等因素的影响，检验效果带有一定的主观性，难以用确切的数据表示其结果。

2）理化检验法

理化检验法是在一定的环境条件下，利用各种仪器设备和化学试剂来测定和分析商品质量的方法。它主要用于对商品内在质量的分析，如商品成分、结构、物理性质、化学性质、安全性、生物学性质、微生物检验、机械性能、卫生以及对环境的污染和破坏性等。它比感官检验客观、准确，技术性强，能用具体数据说明商品的检验结果。但对检验设备和条件要求严格，对检验人员的素质要求较高。

3）实用性检验

实用性检验是通过模拟实际使用手段来检验商品质量的方法。

五、采购商品质量的认证

（一）质量认证的含义与作用

1. 质量认证的含义

"认证"在英文里的原义是一种出具证明文件的行动，当用做"质量认证"时则具有进一步的含义。

质量认证也称合格认证，国际标准化组织曾先后下了三个定义。ISO 指南 2—1983《标准化认证与实验室认可的一般术语及其定义》的定义为，用合格证书或合格标志的方法证明某一产品或服务符合特定的标准或技术规范的活动，《IS0/IEC 指南 2-1986》中定义为，由可以充分证实某一经鉴定的产品或服务符合特定标准或规范性文件的活动。在《IS0/IEC 指南 2—1991》中定义为，第三方依据程序对产品、过程或服务符合规定的要求给予书面特证（合格证书）。

《中华人民共和国产品质量认证管理条例》（1991 年 5 月 7 日国务院发布）第二条规定，产品质量认证是依据产品标准和相应技术要求，经认证机构确认并通过颁发认证证书和认证标志来证明某一产品符合相应标准和相应技术要求的活动。

上述关于质量认证的定义说明，质量认证是根据相应标准和有关技术规范对企业的某一产品或服务进行试验或检查，如果该产品符合这些标准或技术规范，则发给该企业有关产品的认证合格证书，允许该产品出厂时使用合格标志，以证明该产品或服务符合相应的标准或技术规范的活动。

2. 质量认证的特点

（1）质量认证的对象是产品或服务。这里所说的"产品"是广义的概念，除了一般概念的产品外，还包括加工技术，如电镀、焊接、热处理，等等。而"服务"则是指服务性行业，如旅馆、邮电、保险、商业、银行，等等。目前，世界各国实行的质量认证，其对象主要是产品（商品），因此，常常称为产品（商品）质量认证或产品（商品）认证。

（2）认证的依据是标准和技术规范。判断被认证的对象是否合格的依据是其质量指标是否达到相关标准和技术规范所规定的范围。

（3）取得认证资格的证明方式是合格证书或合格标志。

（4）质量认证是第三方从事的活动。所谓"第三方"是指与生产企业（又称第一方）和产品采购者（又称第二方）都没有任何行政上的隶属关系和经济上的利害关系的一方。

如国家技术监督局是世界上公认的公正的第三方，此外，独立于政府机构的质量管理协会、独立的检验机构、认证机构等也属于第三方。

3. 质量认证的作用

（1）有助于消费者选购满意的商品。

（2）为生产企业带来信誉，争取到更多的利润。

（3）可以节省大量的社会重复检验费用。

（4）有利于减少人身伤害和财产损失。

（5）有助于提高产品在国际市场上的竞争能力。

（6）是供方取得需方信任的手段。

4. 质量认证的类型

质量认证包括产品（商品）质量认证、体系认证和实验室认证三种类型。

1）产品（商品）质量认证

产品（商品）质量认证是依据产品标准和相应技术规范要求，经认证机构确认并通过颁发证书和认证标志来证明某一产品符合相应标准和技术要求的活动。

2）体系认证

其包括质量体系认证、环境管理体系认证和安全体系认证。

（1）质量体系认证。质量体系认证是指对供方（生产方）的质量体系实施第三方评定和注册的活动。评定合格者由第三方机构颁发质量体系认证证书，并给予注册。其目的在于通过评定和事后监督来证明供方质量体系符合并满足需方对该体系规定的要求，对供方的质量管理能力予以独立的认证。目前，世界各国大都按照国际通用的1S09000质量管理和质量保证系列标准开展质量体系认证。

（2）环境管理体系认证。环境管理体系认证是指由第三方公证机构依据公开发布的环境管理标准，对供方的环境管理体系实施评定的活动。评定合格者由第三方机构颁发环境管理体系认证证书，并给予注册公布，证明供方具有按既定环境保护标准和法规要求提供产品的环境保护能力。

（3）安全体系认证。这是指由第三方公证机构依据公开发布的安全体系标准，对供方的安全保证体系实施评定，证明供方具有按规定安全标准要求提供产品的安全保证能力的活动。

3）实验室认证

实验室认证是指依据认可准则和一定的技术标准，由专家组对实验室的组织管理能力和技术能力进行审查评定的活动。评定合格的由认证机构颁发认证证书，并给予注册公布，证明该实验室为认证机构认可检测实验室，其检验结果社会公认。实验室认证也称为实验室认可，主要包括检测实验室认可、检验人员认可和评审人员认可。

（二）产品质量认证的分类

产品质量认证根据不同的分类标志可以分为以下几种类别：

1. 按认证的法律性质划分

按认证的法律性质划分，可分为强制性认证和自愿性认证。

（1）强制性认证：这是指通过国家法律、法规或规章规定执行的认证。凡属于强制性认证的产品，必须经过认证，否则不准生产、销售和进口。实行强制性认证的产品，主要是指涉及安全、卫生、环境保护方面的产品。

（2）自愿性认证：这是指生产企业根据自身的实际情况，自愿申请认证或取消认证的产品。自愿性认证的产品是指与人体健康和人身、财产安全有关的以外的产品。根据我国规定，实施自愿认证的产品，实行合格认证。

2. 按认证的内容划分

按认证内容划分，可分为安全认证、合格认证和质量、安全同时认证。

（1）安全认证。对于关系国计民生的重大产品，有关人身安全、健康的产品，必须实行安全认证。此外，实行安全认证的产品，必须符合有关强制性标准要求。

（2）合格认证。凡实行合格认证的产品，必须符合有关的国家标准或行业标准要求。

（3）质量、安全同时认证。同时要进行两种认证，产品使用合格标志和安全标志。

3. 按认证范围划分

按认证范围划分，可分为国际认证、区域性认证和国家认证。

（1）国际认证。它以国际标准化组织和国际电工委员会通过的标准为依据，以其认证委员会认证原则作指导的认证。国际认证对消除国际贸易壁垒、促进国际贸易的发展具有明显的作用。

（2）区域性认证。这是指由若干个国家和地区，根据自愿的原则组织起来，按照共同认定的标准，规范进行的认证。一般来说，经过本区域性组织成员国认证管理机构认证的产品，其他成员国认证机构就予以承认。区域性认证最典型的是欧盟的区域认证。

（3）国家认证。这是一国范围内的质量认证，它是以国家标准为依据的认证。

（三）质量认证制度的基本内容

1. 质量认证制的基本要素

质量认证制的基本要素主要包括有：型式试验、质量体系检查、监督检验和定期复查四项。前两个要素是取得认证资格必须具备的基本条件，后两个要素是认证后的监督措施。

1）型式试验

这是指为证明产品质量符合产品质量标准的全部要求，对产品所进行的抽样检验。它是整个质量认证制度的基础。

2）质量体系检查

这是指对产品的生产企业的质量保证能力进行检查和评定。其目的是证实企业具备持续、稳定地生产符合标准要求的产品的能力。

3）监督检验

这是对获准认证后的产品进行监督的措施。它是从生产企业的产品中，或从市场上抽取样品，由认可的独立检验机构进行检验的。如果检验结果证明符合标准的要求，则允许继续使用认证标志；如果不符合，则需根据具体情况采取必要的措施，防止在不符合标准的产品上使用认证标志。监督检验的周期一般每年 2~4 次。

4）定期复查

对取得认证资格的生产企业的质量保证能力进行定期复查，这是保证认证产品的质量能持续符合标准的根本性的监督措施。监督检查的内容可比首次的质量体系检查简单一些，重点是查看首次检查中发现的不符合项是否已经有效改正，质量体系的修改是否能确保达到质量要求，并通过查阅有关的质量记录证实质量体系。

2. 质量认证制度的主要类型

目前，世界各国的质量认证制度主要有八种类型：

1）型式试验

这是按规定的试验（或检验）方法由"认可的独立检验机构"对产品的样品进行试验（或检验），以证明样品符合指定的标准或技术规范的全部要求的质量认证制度。

2）型式试验加认证后监督——市场抽样检验

它是在第一种型式试验的基础上进行认证后的监督。其方法是按规定从市场上的商品中或从批发商、零售商的仓库中随机抽样进行检验，以证明认证产品的质量能持续符合标准或技术规范的要求。

3）型式试验加认证后监督——工厂抽样检验

这种质量认证制度与第二种类似。只是监督的方式有所不同，它不是从市场上抽样，而是从生产厂发货的产品中随机抽样进行检验。

4）型式试验加认证后监督——市场和工厂抽样检验

这种认证制度是第二、第三种认证制度的综合，监督所用的样品，既要从市场上随机抽样，又要从工厂中随机抽样。很显然其认证的有效性高于第二、第三两种认证。

5）型式试验加工质量体系评定加认证后监督——质量体系复查加市场和工厂抽样检验

这种质量认证制度的显著特点是：在批准认证资格条件中增加了对产品生产企业的质量体系的检查、评定，在批准认证后的监督措施中也增加了对生产企业的质量体系的复查，同时还要进行工厂和市场抽样检验。

6）工厂质量体系评定

这种质量认证制度是对生产企业按所要求的技术标准生产产品的质量体系进行检查、评定；或者是对服务业为保证服务质量所需的质量体系进行检查、评定。这种质量体系评定也称为质量体系认证。

7）批检

根据规定的抽样方案，对一批产品进行抽样检验，并据此做出该批产品是否符合标准或技术规范的判断，称批检。

8）全检（百分之百检验）

对每一件产品在出厂前都要依据标准或技术规范经认可的独立检验机构进行检验，这就是全检。

3. 实施质量认证的机构

实施产品质量认证制度必须有三个机构工作，即认证机构、检验机构和检查机构。

1）认证机构——能充分信任的第三方认证机构

它是依据政府的法律文件建立的，具有合法性、公正性和权威性，并能履行以下职责：制定质量认证管理条例、实施细则等法规性文件，并组织贯彻执行；发布认证标志，并监督认证标志的正确使用；对检查机构进行监督，使其公正地执行产品质量检验任务；对检查机构进行监督，使其公正地检查、评定企业的质量保证能力；举办注册检查员学习班，使他们能掌握质量管理和质量保证的知识，掌握检查、评定的办法；接受企业提出的认证申请，安排产品检验和企业质量保证能力的检查、评定；审查产品检验报告和企业质量保证能力检查报告，批准产品认证，颁发认证证书；公布批准认证的产品及其生产厂家的名单。

2）检验机构——认可独立的产品检验机构

它的任务是：根据认证机构的委托，对申请认证的产品的样品按指定的标准进行检验，证明其是否符合规定标准的要求，向认证机构提交产品检验报告。

3）检查机构——企业质量保证能力的检查机构

其任务是：根据认证机构的委托，指派注册员，按认证机构规定的要求，对申请企业的质量保证能力进行检查、评定，做出是否可以接受的评价，向认证机构提交检查报告。

4.产品质量认证的实施内容

产品质量认证的具体实施内容主要有：

1）产品的功能审核

产品的功能审核是产品质量认证最重要的审核内容。主要审核产品的性能、产品的安全性、产品的可靠性和寿命、产品的可维修性、产品销售竞争上有无特色、产品接口特性、产品配套完整性等。

2）产品的外观质量审核

产品的外观尺寸、形状的一致性；产品的外观有无碰伤、压伤、划伤；产品的标签或印证有无错误或模糊；产品有无影响使用的微粒、粉末等多余物和锈蚀、掉漆等状况。

3）产品的包装质量审核

包装上的标志、合格凭证是否符合规定要求；装箱产品与装箱单是否相一致，有无错装和漏装；包装情况与技术标准、工艺文件的规定是否符合。

4）产品的质量稳定性审核

是否具有批量生产的条件；是否具有保证质量稳定性的程序；质量不合格产品的处置程序是否适当。

5）产品的质量保证体系

5.质量认证的表示方法

质量认证有两种表示方法，即认证证书和认证标志。

1）认证证书（合格证书）

这是由认证机构颁发给企业的一种证明文件，证明某种产品或服务符合特定标准或技术规范。认证证书的内容至少应包括：证书编号；认证依据的法规文件和编号；企业名称；产品名称、型号、规格或等级；采用标准的名称和编号；有效期；认证机构名称、印章；颁发日期。

2）认证标志（合格标志）

这是由认证机构设计并颁发的一种专用标志，用以证明某项产品或服务符合特定标准或技术规范。经认证机构批准，认证标志使用在每台（件）合格出厂的认证产品上。认证标志是质量标志，通过标志可以向购买者传递正确可靠的质量信息，帮助购买者识别认证的商品与非认证的商品，指导购买者购买自己满意的商品。我国认证机构设计并发布的产品质量认证标志目前主要有以下几种：

（1）CCC认证标志。适用于《中华人民共和国实施强制性产品认证的产品目录》中的产品。

（2）CQC产品认证标志。适用于经中国质量认证中心认证合格的产品。

（3）方圆标志（主管机构为国家技术监督局）。它有两种：一种是合格认证标志，适用范围为一般工农业产品，实行企业自愿申请；另一种是安全认证标志，适用范围为有安全要求的工业产品，实行强制性认证。

（4）长城标志（主管机构是中国电工产品认证委员会）。适用范围为有安全要求的电工产品。

（5）PRC标志（主管机构是中国电子元器件质量认证委员会）。适用范围为电子元器件产品。

六、提高采购商品质量的途径

如果所采购的原材料的质量有问题，将会直接影响到产成品的质量。因此，要在采购中切实保证采购质量，防患于未然，必须寻求可靠的提高采购质量的途径。

（一）选择合适的供应商

商业企业作为买方，在现代商品质量管理中首要任务是了解供应商的质量政策，选择合格的供应商。作为供货方为确保商品质量，必须提供合格品，并出具必要的合格证明。在某些情况下，卖方是技术上的巨人，把产品销售给没有工程师和实验条件的买主，供应商应责无旁贷地为买方提供技术上的援助。在业务交往中，供应商应提供控制质量的书面计划及计划已被执行的证明，并允许买主对供应商的各项活动进行必要的监督。对于买方及时反馈的有关商品质量及相关问题，供应商管理部门应坚持不懈地随时采取纠正性行动。总之，作为供应商应及时提供有质量保证的商品，且价格合理，能提供优质的服务。作为买方，对于一些较复杂或重要的商品，最好有多种供应源。

（二）正确评审供应商资格

确定合适的供应商之前，必须先进行调查，来判断和核实供应商是否能保证商品质量，如果与其建立供需关系，双方能否在技术、管理、财务等方面互相配合。调查方法一般为函询和访问两种方式。前种方式是给供方函寄一份调查表，查询买主所需了解的情况。后种方式是组成一个由各方代表组成的小组与供应商进行面对面交谈，或到实地参观考察，考察的范围主要是质量控制、工艺制造、质量检验等，甚至包括财务与管理。调查完后应将结果写成报告，结论力求客观，以判断其经营状况。若打算与该供应商签订合同，则需对供应商能否交付满意的产品做出预测。

通过这种调查，可对供应商资格认可与否做初步结论，但也有许多不足之处，有一定的局限性，如无法可靠地预测供应商产品的质量性能，故在实际应用中，须结合其他方法，进行综合评定。

如果经调查认可了供应商的产品质量，且进货检验数据表明质量水平是可接受的，则该供应商被确定为"合格的供应商"。而一家合格的供应商就是一个已经被批准的具有无限数量产品的供应源。这种认证可以导致减少或取消对供方产品的进货检验。此外，还可对各种产品质量用评分法进行定量化评定。

（三）制定并执行联合质量计划，建立良好供需关系

商品不能仅靠进货检验来决定取舍，更重要的是供、需双方相互信赖、共同合作，建立良好的关系，以实现商品的价值。具体操作中，买、卖双方最终应签订合同，制定详细的联合质量计划。联合质量计划内容主要包括经济、技术和管理三方面。联合经济计划中，重点应着眼于商品的使用价值，并确定最合理的购货总价格。供、需双方对与质量有关的一系列成本，如货物检验、材料审查、生产误期、额外存货等成本，看法应一致。作为买方，可将上述成本加到购买价格中，但应尽力压缩；作为卖方，也应力求降低有关成本。

联合技术计划中，基本内容包括：

（1）确定技术规格中性能要求的含义。

（2）用数量表示可靠性和可维修性的各项要求，并规定供方必须承担的各项可靠性和可维修性工作。

（3）对缺陷的严重性进行分级，便于查清原因，采取具体措施。

（4）对有些商品质量项目须制定具体的官方检验标准，对于复杂的或质量随时间变化波动较大的产品，其数字可靠性要求，应在文件中予以明确规定。

（5）买、卖双方采用的检验方法及试验条件应标准化，对抽样方案及评价商品质量相关的活动均应制定标准，共同遵守。

（6）建立商品批的识别和跟踪系统，以及能对缺陷报警信号做出及时反应的系统。在收到缺陷报警信号后，应明确规定必须做出答复的期限要求。

联合管理计划是实现经济上和技术上目标的重要工具。联合活动涉及买、卖双方许多相关部门，应明确职责范围。供应商提供的证明文件是买主进货的重要凭证，在一些细节上双方应协调一致，如表格设计、缺陷的代号、严重性分级、数据处理系统及反馈、质量认证与审核等，应设置多重交流渠道以满足实行多种形式联合计划的需要。买、卖双方应定期或随时举行相关会议，做出必要的权衡取舍。联合质量计划制定后，买、卖双方仍需加强联系，共同执行，加强情报交流工作，提供性能数据；确认发生的问题；进行纠正性活动，提高工作效率。

执行过程可能会出现不合要求的情况，通常反映在商品本身或程序的要求方面。这种偏差现象往往通过产品试验、现场申诉、服务走访、退货等才能发现，一旦发现，双方应积极配合，并及时采取纠正性活动。

执行质量计划过程中，当进货商品为少量、标准材料及一般日用品时，对供应商的产品不进行进货检验，进货检验通常要耗费大量的人力和物力。随着现代化复杂产品的出现，进货商已经认识到他们不具备必要的检验技术或检验新型产品的设施，故而更加依赖供应商的质量系统，这就需要买、卖方双方加强合作。买主重点应放在商品是否适合使用上，不必过分追究其微小偏差，同时，卖方必须理解买主关于对所提供文件的可靠度的要求。

（四）做好服务工作，提高服务质量

工商企业的服务工作分为售前服务与售后服务两种。

（1）售前服务是向用户提供技术性帮助，如指导用户如何正确使用，组织技术培训等。许多用户都缺乏判断现代产品的工艺优点及质量性能用必需的设备，他们无法解释用技术术语写成的规格和标准，或根据技术规格检验产品。制造商在产品标记或所附文件中，应提供有关产品的使用说明和注意事项等的详细资料；在有些产品目录和小册子中应对各种型号产品的特征做十分详尽的说明，提供正确使用的方法。

（2）售后服务的内容主要包括：处理用户申诉、供应所需备件、及时排除故障，对一些技术要求复杂的产品，应派专业人员去现场进行设备安装、调试并及时排除运转中发生的故障，教会用户如何维护、保养等。

随着产品的日趋复杂，服务工作必须及时配套。商业企业有关部门尤其应重视复

杂商品的售前技术培训，在产品销售、安装、运行和修理等方面接受制造商的技术帮助和指导，以便能正确指导消费。实践证明，对某些消费品，来自顾客对维修服务的投诉往往超过对所交付的最初产品质量的投诉，这些投诉既包括对缺陷的投诉，也包括对修复时间的投诉。从某种程度上来说，商店可看成是制造部门的一个附加部分，商业企业有关人员必须得到技术上的帮助，从根本上提高服务质量。

（五）选择最佳质量成本

20世纪60年代前后，欧美一些国家的企业相继提出了质量成本的概念。由于复杂产品数量增加，对精度、可靠性的要求更高，增加了质量成本；耐用品大幅度增加，结果使现场故障增多、维修量上升、零部件配备件需求增多，造成成本上升。

第四章　商品促销管理

第一节　商品促销的流程

一、快讯商品促销流程

快讯商品促销工作规范,包括制定计划、谈判、审核、审批、实施、跟踪及评估等内容。

快讯商品促销具体工作流程、工作要求:

策划:根据年度计划确定每一期快讯时间安排及活动主题;

谈判:根据快讯计划同供应商洽谈促销商品、进售价、快讯费用,签订促销协议;

审核:采购主任在2个工作日内决定是否促销;

审批:部门经理在3个工作日内决定是否促销;

实施:根据批准的促销协议,准备快讯样品拍照,在电脑内修改商品资料,将快讯汇总表传送相关部门;制定分货表;

跟踪:跟踪快讯商品,对销量不高商品进行分析,对库存不足商品及时补货;

评估:在快讯结束3日内,根据实际销量与预计销量,对商品表现进行评估并提出改进办法。

二、普通商品促销流程

为激发消费者的购买欲望,提升公司销售业绩,必须进行适当的促销活动。普通促销活动的主要做法:

各采购小组根据促销计划进行洽谈,确认促销方式;普通促销是在快讯促销的基础上,对公司促销活动进行必要而有益的补充,包括策划、谈判、审核、审批、实施、跟踪及评估等内容。

普通商品促销具体工作流程、工作要求：

策划：采购人员根据市场状况提出促销商品或促销活动；

谈判：双方洽谈促销商品的进售价及促销方式、费用、库存等，签订促销协议；

审核：采购主任在2个工作日内决定是否促销；

审批：不低于费用指标由采购主任决定是否促销；由部门经理在3个工作日内决定是否促销；

实施：在电脑内修改商品资料，资料交相应部门存档跟踪；

评估：跟踪促销期内商品销售业绩，及时解决突发问题，对此次促销的业绩及市场反应进行评价，作为日后参考资料。

第二节　促销商品的选择和促销活动的安排

一、促销商品的选择

建立促销商品选择制度的目的：提高商品及商店知名度；大幅度增加销售；提高来客数及客单价；保证促销的最佳效果。促销商品选择制度的适用范围：一切促销商品的选择；销售为20商品（即销售在前20%之单品）；有巨大潜力的商品（即可冲入前20%之单品）；知名品牌推出的新商品；厂家让利幅度极大的一般性商品。

对重点供应商的重点商品必须每月促销1次，具体形式可以选用快讯，店内促销，以及配合此品牌整个市场的活动，促销商品的选择要符合该商品的季节性，并分析该促销之吸引力，并预估促销效果。

在决定促销形式之前必须提前市调，对供应商推荐的促销商品要作合理分析，要考虑到该商品是否有影响力，应把公司的利益放于首位。

促销商品选择制度的监督执行方式：监督人：采购经理，方式：通过审批方式。

二、分店对促帮活动的安排

分店对促销活动的安排的目的：保证促销最大效果，以取得促销的良性循环，以增强供应商对促销的支持和信赖。适用范围：一切有关门店的促销活动安排。

分店对促销活动安排的内容与标准：

门店对促销地方的安排：若营销中心或采购部对促销活动地方有安排的，门店应严格按照策划进行安排执行，应提前做好工作安排；

若没作出规定之促销活动，门店应尽可能将促销活动安排到端架或客流量较大的区域，也要考虑到活动对销售的作用；

门店对促销商品陈列的安排：门店应在促销活动之前，按照促销活动的安排，将促销商品陈列在指定的位置，注意促销商品之陈列要比非促销商品大5~10倍，门店对促销商品POP的安排：

促销商品的POP价格及其他事项一定要严格按照促销活动安排来执行；

促销商品的POP一定要与其他一般商品POP要有明显区别，并且要悬挂于明显位置；

门店对促销人员的支持：门店对促销人员在工作上要加以大力支持，在不违反公司规定的情况下，给予最大的配合；

门店对促销商品的订单管理：促销商品应根据商品性质提前备货，根据预估销售员来下订单，促销商品之订单门店应安排专人负责，从订单到货品到店要全面跟踪。

分店对促销活动安排的时效管理：采购部（组织部门）必须在快讯促销10天前将快讯商品明细表发给门店，分货表必须在8天前发送各门店和亿翼配送，亿翼配送收到派场单后24小时内下好订单并传真到供应商手中，在快讯促销开始前2天还未到货的供应商必须通知采购部，商场部必须在快讯促销开始前一晚上将所有到货商品做好陈列摆放。

分店对促销活动安排的监督执行方式：监督部门：营销中心、采购部、商场部、配送中心；监督方式：营销中心对促销的每一环节进行全程跟踪，各部门对自己的相关环节与有关部门积极沟通；责任归属：谁负责的环节出问题谁负责。

第三节　商品促销时间与形式

一、促销时间安排

建立供应商与商品的促销时间安排目的：提高商场知名度；树立商场形象；激励销售人员和供应商；争取供应商的最大支持及保持良好的市场竞争优势；实现销售业绩的增长。其适用范围：一切商品的促销。

供应商与商品的促销时间安排的内容与标准：

促销形式可以根据实际情况选择，重点商品是促销的重点，促销一般选择重点商品。

不同级别供应商与不同商品的促销频度安排。

供应商与商品的促销时间安排的时效管理：应根据营销中心制定的促销计划，做相应时间安排。

其他促销时效管理：应提前30天交策划草案，提前15天定案，提前1天分店做好准备工作，促销当天检查快讯执行情况，促销完后第一天做促销效果评估。

供应商品的促销时间安排的监督执行方式：监督人：采购部，营销中心；方式：填写促销检查表（见附表），对门店定期抽查；责任人：负责策划促销人员，相关采购员，执行促销之人员

二、促销形式的选择

选择最佳促销方式。促销方式主要有：快讯、优惠券、折扣、特价包装、赠品、免费试用试吃等，食品通常可选用试吃、特价包装、折扣、赠品等促销方式，百货可选用试用、赠品、商品保修保换、折扣等促销方式。必须选择最佳促销方式以达到促销的最佳效果。其适用范围：适用于所有售卖的商品。

促销收费的执行标准：

非收费促销的标准：所选择促销形式要适合本公司的卖场条件，将本公司的利益放于首位，符合本公司的要求，对商品之销售提高，以及增加人流及客单价有较大帮助；

在促销形式选择之前，也要通过对此类商品的市场调查及市场分析来决定，提取有力的销售数据作为依据；

若促销形式有创新，要依据公司规定逐级上报审批，其程序为营销中心策划或采购主任—采购经理确认，营销副总审批，总经办审批，采购部和商场部执行。

促销形式选择的监督执行方式：监督部门：营销中心；执行人：采购部、商场部及其他相关部门；执行方式：由营销中心对促销的营运过程与效果进行监督。

第四节　促销的执行与评估

一、促销合同的执行

执行促销合同的目的：使促销活动顺利得以实施；保证促销的最佳效果；增强供应商对促销活动的信心。其适用范围：一切商品的促销合同。

促销合同执行的内容与标准：

一般促销确定的合同形式一式四联，双方确认将各联分别分给财务部、供应商、采购小组、采购部。

促销信息的传递程序：采购谈判并签名——由供应商签章——采购部经理审批——总经办审批签章——根据各联不同归属分发协议。

促销信息传递的时效安排：

对确定之促销合同，各部门应通力合作，无条件地严格按照协议内容执行。

不能执行的促销方案的反馈程序：营销中心策划好促销方案后，采购部不能与供应商达成既定协定时，信息应尽快反馈营销中心。

采购部与供应商达成既定协定，但商场不能执行时，商场部应当天反馈给采购部和营销中心，采购部和营销中心要根据情况尽快作出决定。

供应商在签订促销协议后，应积极配合，若遇到违约，应责成相关采购人员对该供应商进行违约处罚。

促销合同执行的监督方式，监督部门：营销中心、总经办、采购部；监督方式：各监督部门对促销合同执行的全过程进行抽查；责任归属：对未能按合同执行的相关部门责任人予以处罚，如有特殊情况不能执行，须提交书面报告。

二、促销的评估

促销评估管理的目的：通过对促销商品的评估，得出最佳的促销商品及促销方式，对促销流程加以不断地完善其适用范围：一切促销活动之评估管理。

促销评估管理的内容与标准：

快讯商品由采购人员提出后，应汇总交由采购经理进行审批，再呈报营销中心组织快讯,快讯活动结束后,要根据预估销售与实际销量之间的达成率,评估并分析原因,总结得失。

快讯评估表

促进销通用评估表。

通过以上评估表的分析汇总,作出下一次促销活动之改进计划。

促销评估管理的时效管理:促销结束后第一天,要将评估表填好上交采购部经理,经理审阅后上报营销中心作促销活动效果总评,针对问题对进一步的营销进行策划。

促销评估的监督执行方式:监督部门:采购部、营销中心;监督方式:向监督部门提交相应的评估表格;责任人:采购负责人员、采购经理、营销策划人员。

第五章 商品交易管理

商品交易市场是具有中国特色的独特经济组织，对社会经济运行影响巨大。商品交易市场与社会接触面极为广泛，社会各个阶层都与商品交易市场有着千丝万缕的联系，几乎所有的政府职能部门对市场都有监管职能；商品交易市场本身是极为复杂的经济组织，市场参与者的构成、参与者间的关系、经营管理工作都体现复杂多变的特点。商品交易市场的组织结构有广义和狭义之分，广义的组织结构是将商品交易市场整体作为研究对象，业主、市场管理者、经营者（商户）及其工作是组织设计需要考虑的要素；狭义的组织结构仅是商品交易市场管理公司的组织结构。本章研究的是广义的组织结构。由于商品交易市场形成历史的独特性，当前商品交易市场的组织结构存在简单化的现象，并没有按照现代企业管理理论来进行组织设计，也没有充分考虑商品交易市场组织结构的特点，不能满足飞速发展的商品交易市场管理的需要。商品交易市场管理公司的组织设计不能局限于管理公司本身，必须将业主、经营者考虑进来，必须考虑到商品交易市场作为经济组织的复杂性、多变性和发展性特点。

第一节 商品交易市场组织概述

一、商品交易市场组织的概念

在管理学中，组织作为一个重要的概念，具有双重性：作为名词的实体组织（静态组织）和作为动词的过程组织（动态组织）。实体组织是指为达到一定的目标结合在一起的、具有正式关系的群体。组织作为实体组织来看，都是由若干具有相互关系的、明确自身归属的成员组成的，具有明确的目标或目的，并且具有一定的形式过程组织是指把分解的人、财、物、信息、技术要素，在一定的空间和时间内紧密联系并合理配置起来，与变化的外部环境相协调，向预定目标运行的活动过程。组织作为动态组织，体现为组织的分工与协作特征，而且重要的是合理的组织活动能使经济实体产生新的生产力，组织活动过程体现为一项复杂的系统工程。

商品交易市场作为商品流通的一个范畴，具有两种含义：一是作为交换场所。商品交易市场就是指交易规模较大的商品的交换场所。规模大小是相对于零售交易而言的。这种商品交易市场一般是在城镇集市贸易市场、专业市场的基础上发展起来的。大多位于交通便利之地，交易主体不固定，交易者无须经过资格审查就可进入市场，交易成本较低。这种市场被人们认为是商品交易市场发育的早期形式。二是作为一种流通组织形式，是指为买卖双方提供经常性的、公开的、规范的进行以批发交易为主的商品交易，并具有信息、结算、运输等配套服务功能的交易组织。商品交易市场主要是由政府、企业或个人选址投资兴建的，建有专门的建筑物，由专职人员提供商品流通的物质技术手段和劳务服务；进入市场交易的主体必须经过审核登记，才能取得法人资格；组织内部制定了严格的交易资格审查制度和交易结算制度，是一种组织化程度较高的市场形态。我们重点研究的就是第二种含义的商品交易市场。

商品交易市场在我国当前有特殊的含义，日常生活中我们往往用批发市场这一概念来描述，但是批发市场却是一个含义模糊的概念。尽管商品交易市场大多数从事传统批发业务，但是也有很多商品交易市场从事零售或批发兼营业务，并且多数批发市场的经营模式都在不断发展变化之中。

商品交易市场提供的不仅仅是商品交易的场所，还是提供配套服务的场所。商品交易市场作为商品交易的场所，有交易主体、交易客体、交易载体等多种要素。场所体现经营定位，体现服务品质。商品交易市场不仅仅是给生产者、批发商、零售商以及消费者提供一个商品交易的场所，而且提供的是一个有一定服务质量的交易场所。各种交易主体在这种商品交易市场中的交易活动中，通过交易行为得到商品交易市场提供的服务。商品交易市场通过向各种交易主体提供服务，促进商品使用价值的转移，完成商品价值的实现，又将处于不同商品流通环节的商业劳动凝结于商品之中，促成了商品价值的增值。

二、商品交易市场的结构分析

（一）主体结构

商品交易市场主体是指市场商品交换活动的当事人，可以分为以下几种：

1. 市场经营主体

市场经营主体是指市场开办者。市场开办者是指依法设立，提供经营场所、设施和物业服务，组织场内经营者从事商品交易的企业法人或者其他组织。各地法规对市场开办者一般要求应当具有法人资格，但是农村的农产品的零售市场可以是企业法人以外的其他组织举办。

2. 市场内的经营主体

市场内的经营主体是指市场内的经营者（摊主），是指在市场内以自己名义从事商品交易的个人、法人和其他组织。

3. 市场服务管理机构

市场开办者为了经营管理市场，大多设立了专门的市场服务管理机构，有的通过招投标、协议等形式引进专门的具有法人资格的服务机构（如物业公司或商业管理公司等）进行市场管理。我们认为他们之间是一种委托代理法律关系，并不因为有专门的市场服务机构而免除市场开办者应当承担的市场管理责任及相应的法律责任。

（二）客体结构

1. 市场交易对象

从广义的经济学角度来看，市场交易对象可以分为有形商品、劳动力、资本、技术四大类，本书讨论的市场客体只定义为有形商品。

有形商品交易对象就是市场交易的商品。商品交易市场交易的商品数量和类型不同，有综合性的，包括多种不同类型的商品；有专业性的（专业商品交易市场），主要集中于一类或相关类商品的交易。但一般来说，商品交易市场主要是专业商品交易市场。而且，市场批发功能越强，单笔交易规模越大，商品类型也越倾向于集中化和专业化。所以，"专业"与"批发"往往是相联系的。从实际看，商品交易市场经营的商品主要有农副产品、日用工业品、生产资料等。因商品类别不同，专业商品交易市场一般分成农副产品交易市场、日用工业品交易市场和生产资料交易市场。

2. 市场设施

市场设施是交易场所和交易服务设施的总称。交易场所是组成任何有形市场的最基本的客体要素。由于商品交易市场比零售市场交易规模大，所以单个商品交易市场也需要更大的场地和交易活动空间。如果说商品交易市场与零售市场在要求具备基本的交易场所这一点上是相同的话，那么商品交易市场对交易设施的要求则与零售市场有很大不同。对商品交易市场来说，一定的交易设施不仅是必要的，而且随着市场发展和批发功能的增强而不断有更高的要求。一般来说，商品交易市场都具有一定的仓储设施、运输设施、通信设施，此外还有与各种中介服务功能有关的各种服务设施，如技术质量鉴定设施、金融服务设施、食宿娱乐设施等。不同商品类型的专业商品交易市场，对市场设施有不同的要求。例如农副产品商品交易市场一般要求有更大面积的场地，而且对仓储设施也有更高的要求。

良好的商品交易市场设施，是保证市场交易顺利进行的重要条件。一般来说，良好的商品交易市场应具备以下条件：①宽阔的场地，场内建有交易厅、交易大棚等；②方便快捷的交通；③有较大面积的库房；④有较大的停车场和足够的运输车辆；⑤设有银行、海关、邮电局等分支办事机构；⑥设有气象站、消防队、律师事务所、派出所、医务所和行情报社；⑦设有各类商品的加工包装厂；⑧有完善的生活服务设施，如旅馆、餐馆、日用商品便利店等。此外，现代化的商品交易市场还应配备计算机网络系统和电视监控系统，以保证市场交易的高效率以及交易环境的安全。

3. 信息技术与网络平台

包括市场内部局域网、网上信息平台等。信息技术和网络技术的发展，给社会生产、物资流通、商品交易及管理方式都带来了深刻的变革，是现代商品交易市场运行的必备条件。商品交易市场要充分利用现代科学技术改造传统商品交易市场的各个环节，并随技术进步不断提升市场，逐步实现商品条码化、标准化，交易网络化，结算电子化，配送社会化，以降低流通成本，提高流通效率。商品交易市场要建立市场内部局域网，交易秩序管理、营业用房管理、物业管理、日常办公、档案管理等计算机管理系统，运用现代信息技术完善和加强市场经营管理，提高管理效能，促进管理现代化。商品交易市场要加快市场信息基础设施建设，提高市场信息化水平，促进信息传输的数字化、网络化和智能化。大型专业商品交易市场要建立网上信息平台，充分发挥信息流的功能，带动商流、物流的电子化；要帮助商户建立网上商铺，积极发展电子商务，开展网上交易，实现有形市场和无形市场的优势互补。一般性的商品交易市场，要强化信息化的意识，利用市场专业网站，收集和发布信息。

三、商品交易市场组织的特点

我们认为，作为一个独立的经济组织，商品交易市场有以下特点：

（一）组织构成与一般企业有明显不同

一般的企业尤其是商业企业，组成部门是根据业务需要来设置，如百货商店侧重商品采购与销售，强调环境和服务；超级市场强调的是价格便宜，主要销售日用品和食品。而商品交易市场的组织尽管由于它的发展层级不同，但是从根本上来说，商品交易市场的组织结构设计都是围绕如何提高"经营空间"的价值展开，通俗地说是围绕如何提高商品交易市场的租金做工作。所以商品交易市场的组织结构必然突出其服务功能，如物业服务功能、信息服务功能、物流服务功能、金融服务功能等，在商品交易市场的组织结构上与一般商业企业有明显的不同。

（二）商品交易市场的组织人员构成与一般企业组织明显不同

一般企业的组织成员具有明确的隶属关系，具有明确的岗位职责分工，并且通过为企业提供劳动、创造价值来换取劳动报酬。但是商品交易市场的组织成员却有其独特性，一方面商品交易市场的组织成员不仅包括商品交易市场管理企业的员工（这一部分员工与一般企业的员工区别不大），另一方面还包括获取商品交易市场租赁权的经销商的从业人员，这一部分人员尽管与商品交易市场没有直接的隶属关系，却是商品交易市场不可分割的组织成员，至少在消费者或者采购商眼中，他们是如同工厂里的工人、商场里的售货员一般的商品交易市场的一线员工。所以，对于优秀的现代商品交易市场，不仅要拟订经销商的市场准入标准，限制不良经销商进入市场，而且要提供相关设施或者服务来提高经销商从业人员的素质，例如当前浙江义乌有多家外语培训学校，对经销商的员工提供培训服务，以适应义乌小商品国际化经营的需要。

（三）营利途径或者提供的服务（商品）不同于一般企业

一般的企业要么提供商品要么提供服务来营利，而商品交易市场是提供了一种特殊的商品和服务来获取利润，这种商品尽管表现为一定面积的、可以供经销商经营的场所或经营空间，但是这种商品实质上是一种租赁权的价格。经销商获得租赁权以后，对于低级的商品交易市场，可能其管理者除了简单的水电等物业管理外就没有其他服务的提供，而对于现代化的商品交易市场，不仅要提供基本的物业管理服务，还要提供信息、物流、金融等方面的服务。更重要的是，对于现代化的商品交易市场来说，这些服务一方面的确是经销商业务的需要，是租赁权出租的一个必要的构成，更重要的是这些服务将成为商品交易市场的重要利润来源。

（四）在国民经济产业链中具有独特地位，对地方经济发展具有独特的突出贡献

从我国商品交易市场的发展历史来看，一方面，早期的商品交易市场均是在计划经济藩篱的缝隙中成长起来的，对满足人民生活需求、繁荣地方经济起到了不可估量的作用；僵化的计划经济体制也由于商品交易市场的出现得以撼动，处于小作坊、小工厂阶段的私营企业由于不能进入国营商业流通的主渠道，其产品也只有通过商品交易市场这一渠道得以进入消费领域，实现商品价值；另一方面，当时我国商业流通的另外一个渠道，供销社系统在承担广大农村产品的购销功能上存在着严重缺位，以农副产品日用品生产资料为主的商品交易市场的出现迅速替代了供销社，使得农村大量农副产品有了一个高效率的出口。从现代商品交易市场的发展来看，尤其是以浙江义乌、深圳布吉、广州白马、河北白沟、山东寿光等地的商品交易市场为代表，商品交易市场不仅仅

是满足消费者的需求，也不仅仅是繁荣了当地的经济，更重要的是带动了当地生产加工业的迅猛发展，而且这一发展势头还在辐射范围上得以不断扩大，在产业链条上不断延伸和深化发展。这种龙头带动作用，在其他类型的经济组织中是难得一见的。

（五）组织目标与一般经济组织的不同之处

作为独立的经济组织，商品交易市场的组织目标与一般企业组织没有什么不同，都是为了获取利润，但是组织目标的实现却有显著不同。一般企业组织在经营中，为了获取利润，不同部门尽管分工不同，目标却比较一致；但是商品交易市场主要是通过提高经营空间的价值或者说提高摊位租金来实现利润增长，与租赁摊位的商户之间存在直接矛盾。商品交易市场的两大主体成员是一种既互相依存又互相矛盾的关系，而如何在矛盾对立双方中寻求平衡点，如何确定一个双方满意的租金价格，既能提升商品交易市场，又能促进商户的业务发展，就是商品交易市场管理企业经常遇到的一个两难选择。这一问题处理不当，要么商品交易市场管理企业（或者投资商）投资回报不足，要么降低商户的积极性，甚至激发双方矛盾，影响商品交易市场的发展，甚至影响社会的稳定。

第二节　商品交易市场的组织设计

一、组织设计的原则

组织设计就是对组织的结构和活动进行构造、变革和再设计。组织设计的目的是要通过构造柔性灵活的组织，动态地适应外在环境变化的需求，能够在组织演化成长的过程中，有效积聚新的组织资源要素，同时协调好组织中部门间的人员与任务间的关系，使员工明确自己在组织中应有的权利和应负的责任，有效地保证组织活动的开展，最终保证组织目标的实现。

组织设计的任务是设计清晰的组织结构，规划和设计组织内各部门的职能和职权，确定组织中职能职权、参谋职权、直线职权的活动范围并编制职务说明书。

一般组织设计有两种设计思想：一种思想把组织看成是由一系列工作岗位构成的系统，设计时按专业化分工原则，先把系统中的全部活动划分成许多岗位（职能），然后组成系统；另一种思想把组织看成是一系列活动过程构成的系统，设计时先把这些活动过程构成小组（团队），然后再组成系统。第一种设计思想是传统的组织设计思想,是依据亚当·斯密的劳动分工理论而形成的,体现了劳动分工理论的优点。按这种设计思想设计出来的企业组织,其基本构件是专业化的工作岗位,组织结构形态是一种层级制(科层制)组织结构形式。所谓层级制组织是层次等级和专业分工明确的组织形式。这种设计思想的不足之处是破坏了业务流程的整体性,不利于满足"社会人"和"自我实现人"的需求,从而会影响员工的积极性。第二种设计思想是美国学者迈克尔·哈默(Michiel Hammer)和詹姆斯·钱皮(James Campy)提出的,他们的企业再造理论和以活动过程为中心的组织设计思想的基本构件是活动过程,这种设计思想克服了第一种设计思想的不足,由于按活动过程组成的团队拥有内部协调较多的自主权,使得分管经理的协调工作量减少,管理幅度可以增大,使组织结构趋向扁平。

对于商品交易市场管理企业来说,由于各经营环节之间的关系并不像生产企业那样密切,与一般的商品流通企业也不一样,也不同于一般的出租空间的企业,是一种特殊的经营模式。从目前商品交易市场管理企业的组织设计实际情况来看,为了加强对经营空间的控制和保证经营空间价值的提高,一般采用第一种设计思想。较高级的商品交易市场管理企业,例如义乌的浙江中国小商品城集团股份有限公司,目前的组织设计思想已经倾向于采用第二种设计思想,如对某种新业务建立相对独立自主的一体化经营机构,以适应日益发展的业务需要。

商品交易市场管理企业的组织设计与其他企业一样,都应遵循如下原则:

(一)效能原则

商品交易市场管理企业是一种经济组织,它以营利为目的,利润最大化是它的首要目标。另外,商品交易市场管理企业通过组织商品流通和流通服务,促进生产的发展,满足人民不断增长的物质文化生活的需要,创造了企业的社会效益。商品交易市场管理企业组织设计遵循效能原则,就是要建立合理的组织结构,使企业内部形成良好的运行机制,有利于提高工作效率,降低流通成本,为社会提供优良服务,使企业的经济效益和社会效益不断提高。

(二)统一协调原则

商品交易市场管理企业的组织设计,必须使企业形成一个统一的有机整体。设计形成的组织结构在保证企业运行时,各个部门和个人协调一致地工作。"下级服从上级,局部服从整体"是统一协调原则的基本要求。从事商品流通服务业务的商品交易市场管理企业,经营过程中不需要什么技术设备,因而不受太多条件的制约,容易形成分散失控的局面。进行组织设计时,应充分考虑这一情况,保证对整体经营活动的有效控制。

（三）精简原则

所谓精简，是指企业的组织结构在满足经营需要，保证企业目标实现的前提下，把组织中的机构和人员的数量减少到最低限度，使组织结构的规模与所承担的任务相适应。商品交易市场管理企业进行组织设计时，应减少职能管理机构和管理人员，把更多的人力投入到经营活动中去。

（四）责权一致性原则

责权一致性原则要求组织结构中的各个部门和个人不仅要有明确的工作任务和责任，而且还要有相应的权力，即责权相适应。有责无权，不能保证组织机构正常履行工作职能，承担不了应有的责任；权力过大，会造成滥用职权，运行混乱。

（五）以服务商户为中心的原则

商品交易市场管理企业的任务往往表现为提高商铺的价值，这首先取决于商户经营效益的好坏，只有商户获得了收益，商品交易市场管理企业才能获得持续不断增长的收益。所以，商品交易市场管理企业的组织设计应围绕服务商户展开，从岗位设计、职能分配等角度考虑如何提高服务效率。

二、组织设计的影响因素

商品交易市场管理企业的组织设计一般应考虑如下影响因素：

（一）经营业务的性质和内容

为企业经营业务服务是企业组织设计的出发点和归宿。设计组织结构的根本目的是为经营业务创造良好的组织环境。经营业务活动的内容是设置工作岗位的依据，经营业务活动的运行方式决定着部门的划分和组织结构框架。商品交易市场管理企业的运营模式根据企业发展规模有不同的特点，例如低级发展阶段的商品交易市场管理企业，业务也许仅仅限于出租摊位，如何尽可能提高租金和出租率是其工作目的，这种情况下的组织结构比较简单；而高级发展阶段的商品交易市场管理企业，尽管提高租金和出租率也是其工作目的，但是为了实现这一目的需要做的工作却复杂得多，因为经营商户对商品交易市场管理企业的要求与低级发展阶段的商品交易市场的经营商户有很大的不同，它们需要的服务包括信息、物流、基础设施、教育、社会设施等多方面，这就需要设置相应的部门与岗位，使高级发展阶段的商品交易市场管理企业更具备一个现代企业的特征，组织机构自然也变得复杂。

（二）经营规模

商品交易市场管理企业经营规模的大小是影响组织结构中管理跨度和层次结构的重要因素。规模越大，其内部工作的专业化程度就越高，标准化操作程序就越容易建立。管理者用于处理日常事务的时间就越少，管理跨度就可以大一些，管理层次少一些。但是，规模大的企业，经营范围宽，业务量大，有些管理职能就可能需要独立出来，这就会增加机构，增加层次。规模太大，受管理者能力的限制，分权的程度就会越高，有可能需要建立分权式的组织结构。

（三）人员素质因素

人是组织中的决定因素。企业的组织结构实际是人的职位结构。组织结构设计出来后，是由人来担任各个职位上的角色。各个职位上的责任和权力，以及相互之间的各种关系，都要通过人的活动才能体现出来。组织中人的素质对组织结构起着决定性的作用。人员的素质包括身体条件、政治思想、职业道德、知识水平等。高素质的管理者，可以承担更多的责任，可以赋予他更大的权力；一专多能的人才，可以身兼多职，这样可以减少人员和机构。

（四）地理分布

商品交易市场管理企业的地理分布是指经营活动在地理位置上的分布。不难理解，地理分布越分散，内部的信息沟通就越困难，集中控制的难度也就越大。因此，地理分布会影响管理的跨度，影响集权分权的程度。商品交易市场管理企业一般地理位置集中，但是随着商品交易市场的发展，跨区域的商品交易市场已不少见。因此划分部门和决定管理层次时，地理分布是必须考虑的重要因素。

第三节　商品交易市场的组织结构

一、组织结构

组织结构指组织内部分工协作的基本形式或框架。组织结构对组织行为具有长期性和关键性影响。它反映了：①关于个人和部门的一系列的正式的任务安排（即工作在各个部门与组织成员之间是如何分配的）；②正式的报告关系（即谁向谁负责），包括权力链、决策责任、权力分层的数量（管理层次）以及管理人员的控制范围（管理幅度）；③组织的内部协调机制。组织结构为保证跨部门合作提供了一种体系设计，一个组织的结构反映了组织通常是如何解决信息和协调问题的。在这个意义上，我们可以将组织结构定义为"一个组织任务、安排人员完成任务，以及促使组织信息流动的一般的和持久的方式"。

组织结构是组织的骨架，包括纵、横两大系统，纵向是组织上下垂直机构或人员之间的联系，是一种领导隶属关系；横向是平行机构或人员之间的联系，是一种分工与协作关系。

二、商品交易市场组织结构的特性

我们一般印象中的商品交易市场，往往将视线集中在市场的商户身上，并没有将商品交易市场看做一个整体，理论界也很少将商品交易市场看做一个独立的组织来分析。本书将商品交易经济组织来研究。改革开放以来，在特定的经济发展环境、经济体制环境和法制建设环境下，形成了我国商品交易市场独特的组织形式，主要有以下两大类：

（一）属于政府行为的组织形式

市场经营管理单位是政府部门和事业单位或其成立的市场经营管理的机构，这类市场往往是政府（包括市、县、乡镇政府，街道办事处，村委会）、政府部门或事业单位投资开办的，包括从行政管理机关剥离出去的市地。此类市场经营管理单位多以市场管理委员会、市场建设管理局、市场开发服务中心或其下设机构等形式存在。

此类组织形式的市场多数不是真正意义上的市场，有的相当于一个商业集中区；市场监管部门有的从属于政府市场经营管理机构，履行市场经营管理机构分配的职责任务。

（二）属于企业行为的组织形式

此类组织形式市场的特点：一是市场中存在两个市场主体，即市场经营管理单位和进场经营者；二是市场中存在两种经营行为，即进场经营者作为独立的市场主体的经营行为和市场经营管理单位与进场经营者作为一个整体，即市场的经营行为；三是市场中存在两个责任主体，即市场经营管理单位和进场经营者分别对其经营行为承担行政责任。

本书讨论的商品交易市场的组织形式，均属于企业行为的组织形式。常见的形式有以下四类。

1.市场经营管理单位与市场投资主体属同一企业或实体，这些市场经营管理单位主要是以市场物业管理或市场经营开发为经营范围的各类经济主体，大多办理了企业法人营业执照和市场登记证。

2.市场经营管理单位是市场投资主体设立的企业或实体，大多办理了市场登记证，有一部分办理了企业法人营业执照或非法人营业执照。

3.市场经营管理单位是市场投资主体承担市场经营管理职能的内设机构，一般只办理了市场登记证，属于有待规范的组织形式。

4.市场经营管理单位是个人承包或租赁经营的实体，其中有的办理了法人或个体营业执照，有的就是市场投资主体指定的市场负责人或临时机构，一般只办理了市场登记证，有的连市场登记证也没办，是属于清理和待规范的组织形式。

三、商品交易市场组织结构的类型

商品交易市场的管理企业从发展历史来看，按照管理模式和经营规模，其组织结构的基本类型可以按照以下两种方法来分类：

（一）不同组织结构模式的商品交易市场

1. 直线制组织结构

从我国商品交易市场的发展历程来看，其管理者最初往往是政府的一个或几个职能部门组成的具有行政特色的组织，不是公司化运作的模式，组织中只有一套纵向的行政指挥系统。

这种模式的优点在于结构简单，权责明确，领导从属关系简单，命令与指挥统一，上呈下达准确，解决问题迅速，管理成本低。但是，其缺点也很明显，没有专业的管理分工，尤其是对于交易市场的管理往往限于简单的管理，以收代管的管理模式在这类初级商品交易市场相当普遍，原因主要是因为其管理者多是行政派出机构（如工商税务等部门）出身，思维的惯性就是认为其工作就是简单的收费，忙于收费的事务性工作之中，不能集中精力将商品交易市场看做一个企业去研究其生存与发展的重大问题。

2. 职能制

随着我国商品交易市场的发展，规模不断扩大，影响范围也愈加宽广，商品交易市场原有的管理部门渐渐不能适应商品交易市场发展的需要，慢慢从单纯履行政府职责转变为理性的、复杂的企业行为，渐渐走上正规发展的道路。这样，原有的直线制组织结构就远远不能适应商品交易市场发展的需要，作为一种以职能分工为基础的分级管理结构，管理按专业进行划分，由职能管理机构分别领导业务机构，代替直线制的组织模式。

职能制的组织结构对于商品交易市场来说，能够促进管理专业化分工，解决了商品交易市场的管理人员的素质技能与管理任务不相适应的矛盾，使商品交易市场高层决策者从日常烦琐的业务中解脱出来，提高了管理成效。但是，职能制的组织结构对所有的企业都存在一个缺点，就是破坏了管理学上强调的命令统一的原则，容易出现管理扯皮现象；对商品交易市场来说，不仅其组织结构内部关于物业管理、营销策划、战略规划等的职能之间容易出现地位之争，而且对职能部门的确立也存在着分歧，这也是商品交易市场与一般成熟的商贸企业不同的地方。

3. 直线职能制

近年来，我国的商品交易市场无论从数量上还是规模上发展迅猛，出现了很多经营成功的商品交易市场。从这些成功的商品交易市场的经验来看，如义乌、白沟、白马、寿光等商品交易市场，其管理企业最初多具有政府管理的背景，占地规模较大，优惠政策较多，在改革开放的大背景下，随着商品交易市场的迅速发展，很快从直线制、职能制的组织模式转变为直线职能制。这种模式综合了直线制、职能制的优点，在商品交易市场管理企业的领导下，企业建立两套管理系统：一套是实现直线式领导的管理系统；另一套是协助经理指导和监督的职能管理系统。

4. 事业部制

事业部是在公司统一领导下，按照产品、地区或客户划分的进行生产经营活动的半独立经营单位。这种组织结构模式在企业界已经相当普遍，但是对于商品交易市场来说，这种组织模式还只有为数不多的商品交易市场尝试使用。例如，义乌国际小商品城，事实上早已经根据不同商品的特点进行划片经营，组成义乌国际商贸城、篁园市场、宾王市场三个市场簇群，拥有 43 个行业、1900 个大类、40 万种商品；近年来又紧紧围绕商品交易市场开始涉足商业地产、商业会展、信息工程、物流配送、餐饮娱乐等领域，并且取得良好的业绩。在这种情况下，事业部制就是商品交易市场管理企业必然的路径选择。只有事业部制的组织模式，才能有利于商品交易市场的最高管理者摆脱日常行政事务，专心致力于商品交易市场的战略决策，充分调动各事业部的积极性，提高组织经营的灵活性和适应能力，有利于培养、发现和使用人才，便于绩效考核。

（二）不同规模组织结构的类型

1. 小型市场管理企业

几个人到二三十人的小型公司，规模小，县级市场或独立的小批发市场。

2. 纯粹的市场管理企业

几十人到几百人，为市场提供综合服务，此为研究主体和重点，南三条、新华为此类市场管理创业的代表。

3. 市场管理集团

拥有市场投资建设、经营管理、会展服务、配套设施服务、物业管理、酒店建设和管理、广告服务等综合职能。以义乌为典型代表，其他如深圳布吉、山东寿光等也属此类。

4. 商品交易市场的法人治理结构

从目前来看，高级发展阶段的商品交易市场一定会采取现代企业管理模式，这样商品交易市场的法人治理结构就成为必然的选择。例如，义乌的浙江中国小商品城集团股份有限公司就是一个典型代表。从管理模式来看，与一般的上市公司没有什么区别，股东是向公司投资（认购股份）从而持有公司股票，凭所持股票行使权力、享受利益、承担义务的组织或个人；董事会是由股东大会选举的代表股东利益、执行公司业务的董事组成的最高决策机构；董事长是公司法人；总经理是公司中协助董事会执行业务、进行经营管理的高级人员；监事会由全体监事组成，对公司事务进行监督的法定机构。

四、市场管理公司的组织架构

商品交易市场一般的运作模式是开发商做市场前期的立项、建设等工作，后期的运营管理工作一般是成立专门的市场管理公司对商品交易市场进行运营管理。商品交易市场的商铺购买者一部分是做商户直接经营，但是也有相当部分并不直接经营，而是依靠出租收取租金。由于商品交易市场的所有权、经营权分离，且所有权相对分散和复杂，所以开发商成立市场管理公司管理商品交易市场，达到统一业态规划、统一品牌管理、统一质量管理、统一价格管理、统一招商管理、统一客服管理、统一企划推广、统一物业管理，是当前商品交易市场运营管理的一种通用且切实可行的模式。

（一）市场管理公司组织架构

市场管理公司组织机构包括两个层面：①经营层面：包括总经理、副总经理和总经理助理。总经理是决策人，副总经理主管业务、行政等；②管理层面：办公室、财务部、业务发展部、商场管理部、企划部、招商部（后期可并至业务部）等。办公室主管人事、行政和总务等；财务部主管资金运作和收银等工作；业务发展部主管商场的营运等方面；商场管理部主管商场水、电、保安、维修等工作；企划部主管商场形象、促销等工作；招商部前期以招商为主，后期合并至业务部。

（二）市场管理公司的职能

1. 研究职能

运用专业的市场研究体系，结合市场所在地最新商业商品信息及交易市场信息及相关政策支持，制定合理、有针对性的品牌导入操作策略、提供运营决策支持及各种商业咨询系统，最大限度上保障市场的整体竞争优势。

2. 管理职能

对市场进行统一规划、统一管理，建立健康、有序的运营机制。

3. 协调职能

协调解决开发商、业主、商户、客户与管理公司的冲突、矛盾。

（三）商业经营管理公司经营模式

1. 商品交易市场的经营模式具有"统一管理，分散经营"的特点

商品交易市场的商铺是有计划的聚集，对商品交易市场进行"统一管理，分散经营"是商品交易市场区别于其他商品流通企业的核心特点。"统一管理"要求商品交易市场必须由代表业主权利的、受业主委托的管理公司统一管理，没有统一管理的商品交易市场则难以经受激烈的零售业市场竞争。"分散经营"是商品交易市场对客户（消费者）和商户（经营者）间的交易提供场所，但商品交易市场的管理者不能直接进行商业经营，是在客户（消费者）和商户（经营者）之间搭建桥梁。

2. 商品交易市场的统一管理理念在于统一招商管理、统一营销管理、统一服务监督、统一物业管理

为了达到"统一管理，分散经营"的管理模式，在商品交易市场销售合同中应该约定业主和商户必须服从管理公司的统一管理，在法律上确定商品交易市场管理公司的管理地位。

（1）"统一招商管理"要求招商的品牌审核管理和完善的租约管理

品牌审核管理是指招商对象须经品牌审核后才能进入。审核包括对厂商和产品的审核，须具有有效的营业执照、生产许可证、注册商标登记证、产品合格委托书（适用于批发代理商）、品牌代理委托书（适用于专卖代理商）、税务登记证、法人授权委托书等。

完善的租约管理包括约定租金、租期、支付方式、物业管理费的收取等，其他比较关键的租约条款管理，比如商户的经营业态要受到整个商品交易市场的统一商业规划的限制，如果发生重大变化，须经业主委员会的认可（业主委员会成立之前，经开

发商认可）；商户的店名广告、促销广告的尺寸大小、悬挂位置、语言文字方面须接受统一管理；为整个商品交易市场促销承担义务；商户对停车场的使用，确定有偿还是无偿，有无限制；投保范围事宜；是否统一收银等。

（2）"统一营销管理"有助于维护和提高管理公司与业主、商户多方利益

由于目前商品交易市场竞争激烈，管理公司应该为商品交易，市场作好营销计划，组织策划相关的促销活动，所发生的费用应预先与业主或商户沟通预算，经业主或商户同意后，对实际发生的费用按照商户销售额的一定比例进行分摊。如果商品交易市场统一收银管理，就能较好地执行按销售额分摊费用。

（3）"统一服务监督"有助于管理公司、业主、商户间的协调和合作

市场管理公司指导、协调、服务、监督商户的经营活动，保证商品交易市场的高效运转。工作内容包括：①指导项目：培训售货员、卖场布置指导、促销活动安排等；②协调项目：协调业主之间、商户之间、业主与商户之间的紧张关系等；③服务项目：物业管理、行政事务管理信息服务、商务管理等；④监督项目：维护商品交易市场的纪律、信誉，协助工商、税务、卫生、消防等部门的管理等。

（4）"统一物业管理"有助于建筑空间的维护和保养

商品交易市场的物业管理内容包括：养护建筑、维护设备、保证水电气热正常供应、公用面积的保洁、保安防盗、车辆管理、绿化养护、意外事故处理等。

商品交易市场是商品流通领域的重要业态，具有集散商品、传递商业信息、配置资源等作用。但是长期以来，商品交易市场却名声不佳，被认为是假冒伪劣商品的集散地。随着经济的发展，商品交易市场在扩大内需、引导生产、搞活流通、促进国民经济持续增长及方便城乡居民生活等方面发挥着越来越重要的作用，商品质量有了很大的提升。本章介绍商品交易市场管理公司在商品管理的四个方面工作：商标授权管理、商品质量管理、商品价格管理和商品信息管理，这四个方面的工作可以首先通过严格的商品准入制度在源头上控制，其次通过进货检查验收管理、购销台账登记管理、商品质量承诺管理、不合格商品的退市和召回管理等具体的策略达到商品管理的目标。

参考文献

[1] 聂毓敏，打造产业集群创新发展路径——评《生态农业产业集群发展研究》[J]，山西财经大学学报，2022，44（10）:130，

[2]Volke 了 Dieckmann，一键实现高效的商品物资管理 [J]，现代制造，2022（08）:56-57，

[3] 杨小玲，唐双福，李萍，吴兆娟，战博，高冬梅，修维宁，刘阳，创新培育重庆农业产业集群机制研究 [J]，湖北农业科学，2022，61（16）:203-209，

[4] 张峰，基于客户服务的产品质量管理研究 [J]，科学发展研究，2022，2（3），

[5] 李连成，一县一品特色富民 [N]，河北日报，2022-06-27，

[6] 肖垚，销售、客流双增长，毛利率提升 7%——商品管理与运营实战案例分享 [J]，中国药店，2022（06）:90-93，

[7] 徐梦娜，大宗商品仓储管理系统的设计与开发 [D]，东华大学，2022，

[8] 陈鹤，商品陈列在便利店管理中的应用——以加油站便利店为例 [J]，今日财富，2022（10）:61-63，

[9] 黄浩，商品流通企业全面预算管理的困境及对策探讨 [J]，全国流通经济，2022（14）:8-11，

[10] 施声军，大宗商品交易市场风险管理探讨 [J]，现代商贸工业，2022，43（14）:102-103，

[11] 赵红艳，大宗商品贸易财务管理六要素研究 [J]，中国农业会计，2022（04）:28-29，

[12] 谭亚敏，商品价格大幅波动实体企业风险管理正当时 [N]，期货日报，2022-03-25，

[13] 唐千淇,试论宏观经济政策对外贸企业商品流通管理的影响[J],商业经济研究，2022（06）:160-163，

[14] 张华，孙鹏，多维邻近性对陕西泾阳茯茶产业集群创新的影响研究 [J]，南京师大学报（自然科学版），2022，45（02）:34-43，

[15] 谭志娟，多因素致大宗商品价格上涨专家：企业应加强生产经营风险管理 [N]，中国经营报，2022-02-28，

[16] 杨子鑫，白旭，冯慧娜，李景波，基于农业全产业链金融协同支农创新研究 [J]，当代农村财经，2021（09）:61-64，

[17] 刘婕，张仙，电子商务背景下农业产业集群协同创新机理研究——以弥勒市葡萄酒产业为例 [J]，科技与管理，2021，23（04）:42-49，

[18] 许竹青，周海用，数字化转型为农企"换道超车"提供可能 [J]，农产品市场，2021（14）:52-53，

[19] 李妍，朱加民，义乌市现代农业产业集群发展对策思考 [J]，南方农业，2020，14（31）:43-46，

[20] 张振，科技经济融合发展打造功能性农业产业集群创新生态——2020"企业创新大家谈"第四期在山西太谷县举办 [J]，中国经贸导刊，2020（20）:42-43，

[21] 郭中华，河南省农业产业集群发展模式创新研究 [J]，乡村科技，2020（21）:24-25，

[22] 卫华，张派，农业产业集群创新发展的制度环境研究 [J]，北方经贸，2020（06）:31-33，

[23] 党福玲，现代农业产业经济的发展转型研究——评《现代农业产业集群创新发展研究》[J]，中国蔬菜，2020（05）:114-115，

[24] 李二玲，中国农业产业集群演化过程及创新发展机制——以"寿光模式"蔬菜产业集群为例 [J]，地理科学，2020，40（04）:617-627，

[25] 张静，赵景峰，新乡市农业产业集群发展研究 [J]，华北水利水电大学学报（社会科学版），2020，36（02）:26-30，

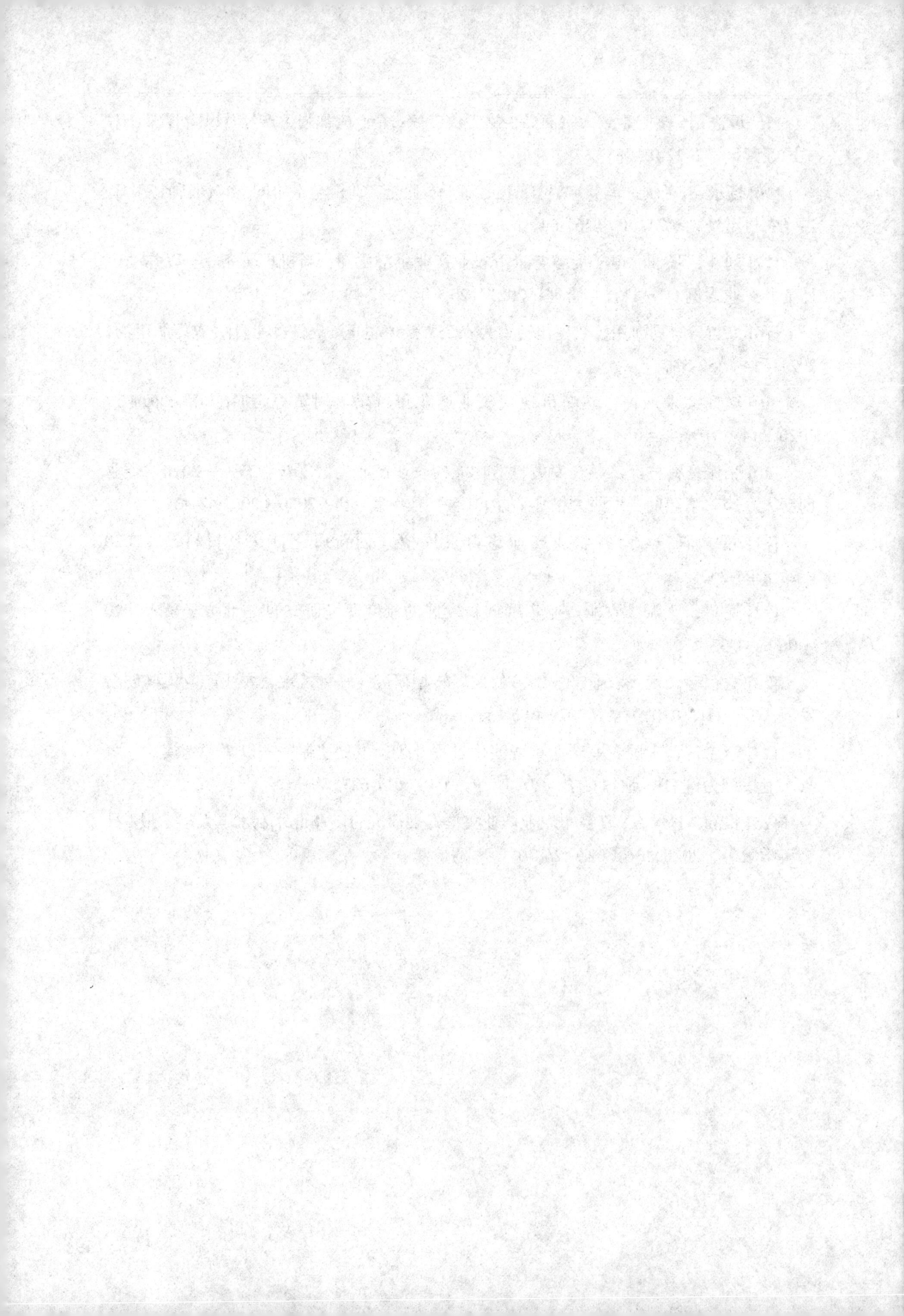